평화의 섬
제주

천천히읽는책_55

평화의 섬 제주

박재형 글·그림

펴낸날 2022년 7월 11일
펴낸이 김남호 | 펴낸곳 현북스
출판등록일 2010년 11월 11일 | 제313-2010-333호
주소 07207 서울시 영등포구 양평로 157, 투웨니퍼스트밸리 801호
전화 02) 3141-7277 | 팩스 02) 3141-7278
홈페이지 http://www.hyunbooks.co.kr | 인스타그램 hyunbooks
ISBN 979-11-5741-319-5 73910

기획위원 이주영 | 편집 전은남 박사례 | 디자인 디.마인 | 마케팅 송유근 함지숙

ⓒ 박재형 2022

이 책은 저작권법에 의하여 보호를 받는 저작물이므로 무단 전재 및 복제를 금지하며,
이 책 내용의 전부 또는 일부를 이용하려면 반드시 저작권자와 현북스의 허락을 받아야 합니다.

⚠ 주의 종이에 베이거나 긁히지 않도록 조심하세요. 책 모서리가 날카로우니 던지거나 떨어뜨리지 마세요.

평화의 섬
제주

현보실

머리말

신비롭고 아름다운 섬, 제주

'아는 만큼 보인다'라는 말을 들어 보신 적이 있지요. 제주도를 잘 알고 계신가요? 부모님 따라 제주도에 와 본 적이 있거나 TV에서 본 적이 있겠지요. 관광지만 구경했다면 제주도를 잘 안다고 할 수 없어요.

제주도에 대해서 잘 모르신다면 저를 따라서 제주도 여행을 해 보세요. 제주도의 현재뿐만 아니라 과거로 돌아가서 제주 사람들이 어떻게 살아왔는지를 알아야 제주도를 잘 안다고 할 수 있어요. 아름다운 경치뿐만 아니라 제주 사람들이 살아온 모습과 아픔, 슬픔을 알아야 제주도를 제대로 아는 거지요.

배를 타고 온다면 제주가 가까워지면 수평선 위로 한라산이 보여요. 구름 낀 날은 구름 위로 한라산 백록담이 머리를 쳐들고 있지요. 배가 추자도를 넘어오면 빌딩뿐만 아니라 오름이 보여요. 어머니 가슴처럼 포근한 오름이.

 비행기를 타고 온다면 구름 위로 백록담이 보이는 날도 있고요. 구름 없는 날엔 한라산뿐만 아니라 제주공항으로 내려앉을 때까지 한 폭의 모자이크 그림을 볼 수 있어요. 돌담이 있고, 그 안에 가지가지 식물이 자라 정말 아름다워요. 초록, 노랑, 빨강, 주황색 들의 잔치가 펼쳐지지요.

 비행기에서 내리자마자 시원한 제주 바람이 얼굴을 쓸어 주고, 돌하르방이 반갑게 맞아 줍니다. 잘 왔다고 윙크도 해 주지요.

 타임머신을 타고, 처음 제주도가 만들어질 때를 둘러보고, 제주 역사 시대로 들어가 보고, 제주 사람들이 살아온 모습을 구경하는 거예요. 제주는 신비롭게 여러분을 행복의 나라로 데려갈 겁니다.

 오시죠, 탐라국으로. 평화롭고 아름다운 제주도로.

2022년 박재형

차례

머리말 신비롭고 아름다운 섬　　　　　4

아주 먼 옛날의 제주

신화를 가진 섬　　　　　　　　　　10
화산이 만든 섬　　　　　　　　　　19
육지에서 떨어져 나온 섬　　　　　　30

제주 사람들이 살아온 이야기

탐라국 시대_섬나라 왕국　　　　　　42
고려 시대_바다 건너 고을　　　　　　50
조선 시대_전라도 나주현 제주목　　　59
일제 강점기_항일 운동의 불꽃　　　　82
미군정기_가슴 아픈 역사　　　　　　90
대한민국_세계 평화의 섬으로　　　　97

제주도의 겉모습과 속 모습

자연_돌 많고 바람 많은 섬　　　　　　　　108

동물과 식물_산과 바다에 생명이 가득한 섬　　120

농업_논농사보다 밭농사가 많은 섬　　　　　132

신앙_1만 8천 신이 있는 섬　　　　　　　　143

민속_굿과 노동요가 많은 섬　　　　　　　　152

생활_박물관, 도서관이 많은 섬　　　　　　　160

관광_함께 즐겨요, 제주　　　　　　　　　　164

＊제주어 살리기 운동　　　　　　　　　　174

1 아주 먼 옛날의 제주

신화를 가진 섬

　세계 여러 나라, 민족마다 우주, 인류, 민족 등 이 세상이 어떻게 만들어졌는지에 대한 이야기가 전해 오고 있어요. 이것을 창세 신화라고 해요. 성경의 〈창세기〉가 대표적인 창세 신화예요. 성경에서는 하느님이 이 세상을 만들었다고 하지요. 이 밖에도 그리스 로마 신화, 오리엔트의 창세 신화 등이 잘 알려져 있어요. 신화적 상상력과 과학적 상상력이 풍부하게 담겨 있어 창세 신화는 그 민족의 정신문화를 들여다볼 수 있는 중요한 자료랍니다.

　그렇다면 우리나라에는 어떤 창세 신화가 있을까요? 바로 제주도에 있어요. 제주에서 큰굿을 할 때 구연하는 〈천지왕본풀이〉가 바로 천지개벽, 창세 신화예요. '본풀이'는 '신의 근본을 풀어낸다'라는 뜻을 가지고 있어요. 〈천지왕본풀이〉를 읽어 보면 제주에 살던 옛사람들이 어떤 생각을 가졌었는지, 그리고 그 생각이 지금까

한라산

지 어떻게 이어져 왔는지 알 수 있답니다.

　이 세상이 만들어진 이야기를 알고 나면 우리가 사는 곳은 어떻게 만들어졌는지도 궁금하겠지요. 그래서 지역마다 설화가 있어요. 설화는 신화, 전설, 민담을 통틀어 이르는 말입니다. 제주가 어떻게 만들어졌는지를 알려 주는 이야기는 〈설문대할망〉 설화에 잘 나타나 있어요. 마지막으로 제주에 사람이 어떻게 살게 되었는지를 알려 주는 설화는 〈고·양·부 삼성〉 설화이지요.

　이제부터 신화와 전설을 바탕으로 제주에 사람이 살기까지 무슨 일이 있었는지 이야기해 줄 테니 귀 쫑긋 기울이고 들어 보세요.

세상이 열리던 날

아주 오랜 옛날, 이 세상은 깜깜했어요. 그런데 어느 날 갑자기 하늘과 땅 사이에 금이 가기 시작하더니, 점점 벌어지면서 땅에서 산이 솟아오르고, 물이 흘러서 하늘과 땅이 따로따로 떨어지게 되었어요.

그리고 하늘에서는 파란 이슬이 내리고, 땅에서는 검은 이슬이 솟아올라 섞이면서 세상에 만물이 생겨나기 시작했어요. 그중에서 별이 제일 먼저 생겨났지요.

그러나 세상은 여전히 깜깜했어요. 동쪽에는 파란 구름이, 서쪽에는 하얀 구름이, 남쪽에는 붉은 구름이, 북쪽에는 검은 구름이 뜨고, 중앙에는 주황 구름이 바람에 날리고 있었어요. 이때 천황 닭이 목을 길게 빼고, 지황 닭이 날개를 툭툭 치고, 인황 닭이 소리를 크게 내어 우니 먼동이 트기 시작했어요. 옥황상제가 해도 둘, 달도 둘을 보내어 이 세상은 밝은 세상이 되었지만, 낮에는 뜨거워서 견딜 수가 없고, 밤에는 추워서 견딜 수가 없었지요. 그뿐만 아니라 풀, 새, 짐승 들이 모두 말을 하고, 귀신과 사람의 구분이 없어서 사람을 불러도 귀신이 대답하고, 귀신을 불러도 사람이 대답

백록담

하여 그야말로 엉망진창이었어요.

 하늘에 살던 천지왕은 엉망진창인 세상을 바로잡을 방법을 날마다 궁리했어요. 그러던 어느 날, 하늘에 떠 있는 해와 달 두 개 가운데 하나씩 입으로 삼키는 꿈을 꾸었어요. 천지왕이 곰곰이 생각해 보니 아무래도 혼란한 세상을 바로잡을 아이를 얻을 태몽 같았어요. 천지왕은 총맹부인과 결혼하여 쌍둥이 아들을 낳았어요.

 천지왕은 큰아들 대별왕에게는 이 세상을 맡기고, 작은아들 소별왕에게는 저세상을 맡겼어요. 이 세상을 차지하고 싶었던 소별왕은 불만이 컸어요. 그래서 꾀를 내어 대별왕을 속이고 이 세상을 차지했지요.

　소별왕이 이 세상으로 내려와 보니 하늘에는 해도 둘, 달도 둘이 떠서 낮에는 더워서 견딜 수 없고 밤에는 추워서 견딜 수가 없었어요. 거기다가 온갖 생물이 말을 하니 시끄러워 견딜 수가 없고, 귀신과 사람의 구별이 없었어요.

　소별왕은 쩔쩔매다가 형을 찾아가 이 세상의 혼란을 바로잡아 달라고 빌었어요. 대별왕은 활로 하늘에 있는 해와 달 하나씩을 쏘아서 동해에 떨어뜨렸어요. 그러고 나서 소나무에서 송진가루를 내어 세상에 뿌리니 모든 생물이 혀가 굳어 말을 못 하게 되고 사람만 말을 하게 되었어요. 마지막으로 귀신과 사람을 저울에 달아서 백 근이 넘으면 사람으로 내보내고 백 근이 되지 않으면 귀신으로 두었대요.

　이 세상이 여전히 어지러운 것은 아무것도 못 하는 소별왕이 다스리기 때문이래요.

설문대할망이 만든 섬

소별왕이 다스리는 이 세상 가운데 한반도 맨 아래쪽에 있는 제주에 키가 아주 큰 설문대할망이 살았어요. 선문대, 세명주 할망이라고도 부른답니다. 설문대할망은 앉거나 누워서 쉴 곳이 마땅치 않자 치마에 흙을 담아 날라다 섬 가운데에 부었어요. 흙을 다섯 번 날라다 부으니 한라산이 생겨났고, 찢어진 치마 틈으로 흘러내린 흙은 오름이 되었지요. 설문대할망이 오줌을 싸서 흙과 돌이 떠내려가 만들어진 것이 우도라지요. 또 길쌈을 할 때 등잔불을 올려

우도

놓았던 것이 일출봉의 등경돌이고, 할망이 썼던 모자가 방선문의 돌모자이며, 발가락으로 찔러 생긴 구멍이 범섬의 동굴이랍니다.

설문대할망은 백록담을 베고 누워 발을 바닷물에 담가 물장난을 쳤어요. 백록담에 앉아 빨래도 했지요. 그러던 어느 날, 마을 사람들이 설문대할망에게 육지까지 다리를 놓아 달라고 했어요. 그런데 설문대할망이 입고 싶어 하던 명주 속옷을 마을 사람들이 약속한 날까지 만들지 못하자 너무 슬퍼하며 물장오리 연못에 빠져 죽었다고 해요. 육지까지 이을 다리는 결국 놓지 못했지요.

구멍 세 개에서 솟아난 세 사람

그렇다면 제주에는 언제부터 사람이 살기 시작했을까요?

아득한 옛날, 구멍 세 개에서 세 사람이 솟아났어요. 세 사람은 고을나, 양을나, 부을나라는 이름을 짓고 살았는데, 가죽옷을 입고 사냥해서 먹고살았지요.

하루는 셋이서 사냥을 하기 위해 한라산에 올라갔다가 동쪽 바다에서 오색찬란한 상자가 떠밀려 오는 것을 보았어요. 세 사람은

삼성혈

급히 상자가 떠 있는 바닷가로 달려갔지요. 떠밀려 온 상자는 옥 상자였어요.

옥 상자를 열어 보니 푸른 옷을 입은 처녀들이 있었어요. 나이는 열대여섯 살쯤 되어 보이고, 아주 아름다웠어요. 그리고 옥 상자에는 오곡 씨앗과 망아지, 송아지도 들어 있었어요.

"당신들은 누구입니까?"

그러자 보라색 옷을 입은 사람이 절을 하며 말했어요.

"저희는 벽랑국에서 왔습니다. 이분들은 황제의 딸입니다. 이분들과 결혼하셔서 행복하게 사십시오."

보라색 옷을 입은 사람은 말을 마치자마자 사라져 버렸어요.

세 사람은 기뻐서 세 공주를 데리고 혼인지 연못에서 목욕을 하고 결혼식을 올렸지요.

집으로 돌아온 세 사람은 활을 쏘아 살 곳을 정했어요. 그래서 고을나는 일도리, 양을나는 이도리, 부을나는 삼도리에 집을 짓고 살았대요.

혼인지 연못과 비석

신방굴을 나오는 신랑 신부 재현

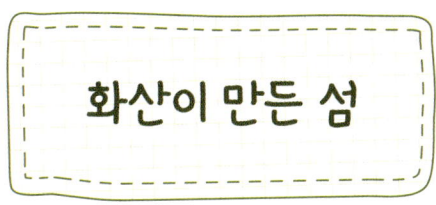

화산이 만든 섬

제주를 여행해 본 적이 있나요? 텔레비전에서라도 제주를 보았다면 자연환경이 여러분이 사는 도시나 지방과는 아주 다르다는 것을 알 수 있었을 거예요. 특히 돌 모양이 아주 달라요. 제주는 화산이 폭발해서 만들어진 섬이라 구멍이 숭숭 뚫린 현무암이 많아요. 바닷가에는 바닷물을 만나 급히 식으면서 검게 변한 돌이 많고요.

화산이 폭발하고 일어난 일

화산이 만든 섬 제주에는 남한에서 가장 높은 한라산이 자리 잡고 있고, 오름이라 불리는 3백6십여 개의 산이 솟아 있어요. 땅속에는 동굴이 길게 뻗어 있기도 하고요. 모두 용암이나 화산재가 만들어 놓은 것들이랍니다.

　화산이 폭발하기 전 제주 일대는 아주 작은 알갱이로 이루어져 부드럽고 차진 흙인 점토와 모래층이 있던 얕은 바다였어요. 그런데 1천8백만 년 전, 화산이 솟아오르면서 제주가 만들어지기 시작했답니다. 먼저 서귀포 층이 만들어지고 차차 커지기 시작하여 55만 년 전부터는 넓고 평평한 땅이 만들어졌으며, 용암이 겹겹이 쌓이면서 한라산을 중심으로 방패 형태의 모양이 되었답니다. 화산이 여러 번 터지면서 용암과 화산재가 쌓이고 쌓여 한라산 높이가 1천9백5십 미터가 되었지요.

서귀포 해안

서귀포시 안덕면에 있는 용머리 해안은 100만 년 전에, 산방산은 70만 년 전에 만들어졌대요. 50만 년 전후에 서귀포시의 해안 절벽이 만들어지고, 30만 년 전에서 10만 년 전까지 한라산과 백록담, 10만 년 전에서 2만 5천 년 전까지 3백6십여 개의 오름이 만들어졌다고 해요.

가장 젊은 용암은 한라산 서북벽이며, 가장 최근에 솟아오른 화산은 비양도에서 솟은 화산으로, 고려 시대에 5일 동안 폭발이 일어나면서 솟아올랐다고 기록되어 있어요.

오름의 왕국

제주를 오름의 왕국이라 불러요. 오름은 '오르다'에서 생긴 말이라고 하지요. 몽골에서는 '오르'라고 부르는데, 고려 시대에 몽골이 세운 원나라가 100년 동안 제주를 다스렸기 때문에 오르라고 부르다가 오름으로 바뀌었다는 말도 있어요.

오름의 모양은 산방산처럼 분화구가 없는 원뿔형, 일출봉처럼 분화구가 남아 있는 원형, 거문오름이나 체오름처럼 용암이 한쪽

산방산

일출봉

거문오름

체오름

송악산

서영아리

으로 흘러내린 말굽형, 송악산처럼 원뿔형과 원형과 말굽형이 섞인 복합형이 있어요. 화산이 여러 번 솟아올라 만들어져서 복합형이 된 거지요. 물장오리, 물영아리처럼 분화구 안에 물이 고여 있는 오름도 있어요.

 오름은 여러 이름으로 불려요. 산 모양이나 흙 색깔 등에 따라 이름을 붙인 것일 텐데 끝 음절이 산, 악, 봉, 망, 뫼(메·미) 등이어서 조금 헷갈리기도 한답니다.

 산이라는 이름이 붙은 오름은 관청과 관련이 있는 듯해요. 대정현에 속하는 송악산, 산방산, 단산, 군산, 금산, 서귀진과 가까운 고군산, 정의현에 있는 영주산은 모두 관청이 있던 곳이거든요. 악은 사라악, 삼의악, 어승생악, 논고악, 동수악, 이승악, 흑악 등 한라산 중턱에 있는 오름에만 붙었어요. 봉은 옛날에 봉수대가 있었던 오름을 가리키는 말이라고 하지만, 일제 강점기에 제주어를 한자어로 바꾸면서 붙기도 했어요. 메는 산의 옛 이름 뫼가 변한 것으로 왕이메, 바리메, 노꼬메가 있고요. 용눈이, 윤드리, 모구리처럼 오름이나 산, 봉, 메가 붙지 않은 곳도 있답니다.

 제주의 오름은 저마다 크기나 형태가 달라 독특할 뿐만 아니라 신비한 전설을 갖고 있거나 울창한 원시림이 있는 곳도 있습니다.

그리고 사방이 탁 트인 오름에 오르면 작은 분화구나 한라산과 들판, 숲, 바다를 볼 수 있답니다. 오름은 그리 높지 않아서 어린이들도 쉽게 올라갈 수 있어요.

신비하고 아름다운 동굴

우리가 사는 지구에는 동굴이 많습니다. 크고 작은 동굴은 지하 세계에 대한 호기심을 자극합니다. 동굴 속은 어두워서 무섭기도 하지만 흔히 볼 수 없는 동물이나 신들이 살고 있을 것 같은 신비로움도 있습니다. 동굴 가운데 아름다움으로 손꼽을 수 있는 동굴은 석회암 동굴입니다. 빗물이나 강물이 석회암 속으로 스며들어 만들어 낸 석회암 동굴은 규모가 크고 석순이나 석주 등을 볼 수 있습니다. 경상북도 울진의 성류굴이나 강원도 삼척의 환선굴 등이 바로 석회암 동굴이랍니다.

제주에 있는 동굴은 화산 폭발로 만들어진 용암 동굴이에요. 땅속에 있던 마그마가 솟아올라 용암이 되어 고여 있다가 약한 곳으로 흘러요. 빗물이나 강물이 골짜기를 만들 듯이 깊은 골을 만들면서 흘러내리고, 용암이 지나간 곳이 차차 식으면서 위아래, 양옆 모두 돌이 되어 용암 동굴이 만들어집니다. 분화구에 마그마가 솟아올라 가득 차면 약한 부분이 무너져 내려 말굽형 오름이 되지요.

용암이 땅속에서 13킬로미터를 흘러가며 만든 것이 거문오름 용암 동굴이에요. 조천읍 선흘리에서 구좌읍 월정리까지 이어지는데, 수직동굴, 벵뒤굴, 북오름굴, 대림굴, 만장굴, 김녕굴, 용천굴, 당처물굴이 바로 거문오름에서 흘러내린 용암이 만든 굴입니다. 거문오름 용암 동굴계에 속하는 동굴 중에서 벵뒤굴, 만장굴, 용천굴, 당처물굴은 천연기념물로 지정되어 있답니다.

당처물 동굴

만장굴로 가는 길목에 있는 용천굴은 전신주를 세우기 위해 땅을 파다 발견했어요. 용천굴 위에는 수만 년 동안 바닷가에서 날아온 모래가 쌓여 있지요. 비가 내리면 조개껍질이 부서져 만들어진 모래가 석회석처럼 녹아서 땅속으로 스며들어 석순과 종유석들을 만들어요.

　용천굴 안에는 호수도 있어요. 호수 물속에서 통일신라 시대의 그릇과 짐승의 뼈, 목재 등 제사를 지낸 흔적이 발견되었는데, 동굴에 물이 차면서 물속에 잠기게 되었답니다.

용천굴에서 나온 토기류

제주 서쪽에는 협재굴, 쌍용굴, 소천굴, 황금굴이 있는데 이 동굴들에도 종유석과 석순이 자라지요. 이 밖에도 제주에는 크고 작은 동굴들이 많답니다.

만장굴

용천굴

협재굴

쌍용굴

유네스코 3관왕 ⭐

　유네스코는 유엔 교육 과학 문화 기구로 인종이나 성별, 종교의 차별 없이 평생 교육, 인류에 기여하는 과학, 유산 보호에 힘쓰는 국제연합 전문 기구이며 인류가 보존 보호해야 할 문화, 자연 유산을 세계 유산으로 지정하여 보호하는 일을 하지요.
　제주는 2002년에 생물권 보전 지역, 2007년에는 세계 자연 유산, 2010년에 세계 지질 공원으로 지정되며 유네스코 자연 과학 분야에서 3관왕이 되었어요. 한 지역에서 세 가지가 선정된 곳은 제주뿐이랍니다.
　생물권 보전 지역으로 지정된 곳은 한라산 천연 보호 구역과 영천, 효돈천, 문섬, 범섬, 섶섬 일대인데 다양한 생물 자원을 보전하고, 개발할 경우에는 거기서 생겨나는 이익을 생물권 보전에 활용해야 해요. 우리나라에서는 설악산과 신안 다도해도 생물권 보전 지역으로 지정되었어요.
　세계 자연 유산 지역으로 지정된 곳은 한라산 천연 보호 구역, 성산일출봉, 거문오름 용암 동굴계인데, 이 가운데 거문오름 용암 동굴은 제주가 지질학적으로도 보호할 가치가 있다는 것을 말해 주지요.

주상절리대

천지연폭포

　지질 공원이란 지질학적으로도 중요하고 희귀하여 경치가 아름다운 지역으로 보존은 물론 교육과 관광이 활발히 이루어져 지역 살림 발전에 기여하는 지역을 말해요. 한라산, 만장굴, 성산일출봉, 서귀포 패류화석층, 천지연폭포, 대포동 주상절리대, 산방산, 용머리해안, 수월봉, 우도, 비양도, 선흘 곶자왈, 교래 삼다수 마을이 지질 공원으로 지정된 곳입니다.

한라산 천연 보호 구역

육지에서 떨어져 나온 섬

 맑은 날에는 제주에서 전라남도에 있는 섬을 볼 수 있어요. 그렇다면 전라남도 섬에서도 제주가 보인다는 말이지요. 자동차나 배, 비행기가 없었던 때에도 제주에서 사람들이 살았던 흔적이 발견되는데요. 처음으로 제주에 발을 들여놓은 사람들은 어떻게 왔을까요? 배를 타고 건너왔을까요, 아니면 걸어서 건너왔을까요?

 아주 오랜 옛날, 사람이 살았는지 아닌지를 알 수 있는 것은 유적과 유물이에요. 유적은 사람이 살았던 집터나 우물, 밭, 성 등을 말하고, 유물은 사람들이 사용했던 도구로 그릇이나 항아리, 사냥 도구, 낚시 도구, 고인돌 등을 말하지요.

구석기 시대

가장 오래된 제주 유물은 애월읍에 있는 빌레못 동굴에서 발견되었어요. 갈색곰의 뼈와 긁개, 칼, 송곳, 홈날도구 등의 구석기 시대 돌연모가 나왔지요. 이 돌연모들은 돌로 깨뜨려서 만들었기 때문에 뗀석기라고 부릅니다. 유물로 보아 약 3만, 4만여 년 전부터 제주에 사람이 살았다는 것을 알 수 있지요. 갈색곰의 뼈가 발견된 것으로 보아 당시 제주는 육지와 연결되어 있었던 것으로 보입니다. 실제로 마지막 빙하기 때, 바닷물이 150미터나 줄어들어

빌레못 동굴 안

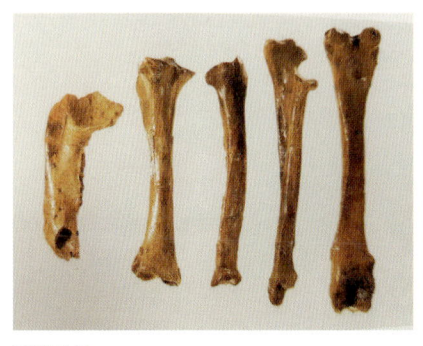
갈색곰 뼈

긁개

중국, 우리나라, 일본이 하나의 대륙이었다고 해요.

 천지연 입구에 있는 생수궤의 바위 그늘 집자리도 후기 구석기 시대의 유적이에요. 긁개, 밀개 등이 발견된 것으로 보아 사냥하고 열매를 따 먹으며 살았다는 것을 알 수 있답니다. 천지연 계곡은 마실 수 있는 민물이 흐르고, 물고기를 잡을 수 있는 바다가 가까이 있고, 나무들이 바람을 막아 주니 원시인들이 살기에 알맞은 곳이었겠지요.

신석기 시대

 그렇다면 제주가 육지에서 떨어져 나온 것은 언제일까요? 1만 년 전, 빙하기가 끝나고 얼음이 녹아 바닷물이 차오르면서 제주는 섬으로 변해요. 이때 제주에 살던 사람들이 제주의 조상이 되었겠지요.

구석기 시대가 지나고 1만 년 전쯤 신석기 시대가 시작됩니다. 돌을 갈아서 만든 도구인 간석기를 사용하던 시대로 짐승의 뼈나 나뭇가지로 만든 도구도 사용했어요. 움집을 만들어 살았으며, 흙으로 만든 그릇을 불에 구울 때 갈라지는 걸 막기 위해 빗살무늬를 새긴 빗살무늬 토기를 만들어 사용하기 시작했지요.

신석기 시대 유적과 유물은 한경면 고산리에서 발견되었어요. 사람들이 살았던 움집은 땅을 파고 기둥을 세우고 마른 풀잎을 덮어 지은 집이에요. 집 안 한가운데에 불을 피워 놓고 음식을 만들

고산리에서 나온 압인문 토기

고산리에서 나온 융기문 토기

어 먹으며 따뜻하게 지냈어요. 넓은 평야여서 곡식이나 열매를 구하기 쉬웠고, 바다가 가까워 물고기 잡기도 좋았을 거예요.

고산리에서는 원형 움집터에 돌을 깨고 갈아서 만든 도끼나 화살촉, 돌날, 밀개 등 석기 9만 9천 점과 토기 조각 1천 점이 발견되었어요. 돌날 등의 도구들이 많이 남아 있는 것으로 보아 신석기 시대 사람들 흔적이라는 것을 알 수 있지요.

제주의 해안 지대에서도 신석기 시대 유물이 발견되는 곳이 많은데, 고산리 사람들이 흩어져서 살게 되었거나 육지 사람들이 바다를 건너와 살았던 것으로 보여요. 이 밖에도 김녕리 궤네기굴, 북촌리 고두기엉덕, 한림읍 한둘굴 등에서도 3천 년 이전의 신석기 시대 유물이 발견되었답니다.

청동기 시대

신석기가 끝나 갈 무렵 사람들은 청동기로 칼이나 거울, 도구를 만들었어요. 생활에 필요한 도구는 여전히 돌연모를 쓰고요. 청동은 구리와 주석 등을 녹여 만들어요. 그런데 어떻게 청동으로 도구

산이수동에서 나온 공렬 토기

산이수동에서 나온 방추차

를 만들어 사용할 줄 알게 되었을까요? 짐승을 잡아 구워 먹기 위해 불을 피웠는데 돌이 뜨거운 불에 녹았다가 식으면서 단단해지는 걸 보고 청동기를 만들기 시작하지 않았을까요? 처음에는 구리로만 도구를 만들다가 주석을 섞으면 더 단단해진다는 것을 알았겠지요. 요즘도 청동으로 조각품을 만드는데, 청동은 철보다 무르지만 잘 녹슬지 않아요.

제주는 화산섬이라 구리나 주석 등의 지하자원이 없기 때문에 청동기를 만들었던 거푸집 등의 유물은 발견되지 않지만, 대정읍 상모리 산이수동에서 발견된 토기, 석기, 방추차 등을 보면 청동기 시대에도 사람이 살았다는 것을 알 수 있어요.

토기 주둥이 부분에 작은 구멍을 내어 무늬를 만든 공렬 토기 흔적을 쫓아 보면 경기도 여주 흔암리에서 충청북도 청주 내곡동을 거쳐 서귀포 산이수동으로 옮겨 온 것으로 보여요. 사람들이 제주로 오면서 청동기를 가지고 왔을 것이라고 보고 있습니다. 또한 물레의 장치인 방추차가 발견된 것으로 보아 산이수동에 살았던 사람들이 짐승의 털을 꼬아 실을 만들어서 옷을 지어 입었다는 것을 알 수 있어요.

그리고 산이수동과 가까운 곳에서 사람, 코끼리, 사슴, 새, 게 등이 남긴 발자국 화석이 발견되었어요. 송악산이 여러 번 폭발하면서 화산재가 날아와 바닷가에 쌓였고 그 위를 걸어간 발자국이 남은 거지요. 그리고 화산재가 다시 날아와 발자국 위에 쌓여 돌이 되었다가 파도에 깎이자 드러난 거예요. 코끼리 발자국으로 보아 당시 제주는 매우 더운 곳이었다는 걸 알 수 있어요.

사람 발자국 화석

사슴 발자국 화석

청동기 시대의 대표적인 유물은 고인돌이에요. 제주에서도 해안이나 중산간 지대에서 고인돌이 발견됩니다. 고인돌 하나를 만들려면 힘센 남자 어른 50명 정도가 필요하대요. 한 가족을 6명으로 치면 적어도 3백여 명이 사는 마을이 있었다는 걸 알 수 있어요.

철기 시대

사람들이 단단한 철로 연모와 무기를 만들기 시작하면서 청동기 시대는 끝이 났어요. 철기 시대가 시작된 것이지요. 우리나라에서 철기가 사용된 것은 기원전 3세기쯤이라고 해요.

제주에서도 철로 만든 유물이 발견된 것으로 보아 다른 나라나 지방에서 살던 사람들이 바다를 건너왔다는 것을 알 수 있답니다. 철기를 들여온 사람들이 한반도 가야에서 건너왔는지, 중국에서 건너왔는지는 확실하지 않지만, 중국의 철기 유물이 발견된 것으로 보아 중국과 교류가 있었다는 것은 분명하지요.

일제 강점기에 제주항을 만들 때 기초 공사를 하다가 2천 년 전 중국에서 만든 장신구와 칼, 창끝, 동으로 만든 거울, 돈 등이 발

낚시 도구와 칼

철촉

거울

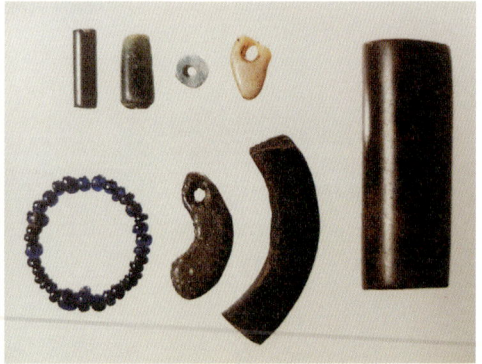
제주항 공사할 때 발견된 중국 장신구들

견되었어요. 용담동 제사 유적에서도 발견된 유물들이지요.

월성마을에서는 철로 만든 칼 등이 발견되었는데, 삼양동에 살던 사람들이 철로 만든 칼을 가진 용담동 사람들에게 습격을 받아

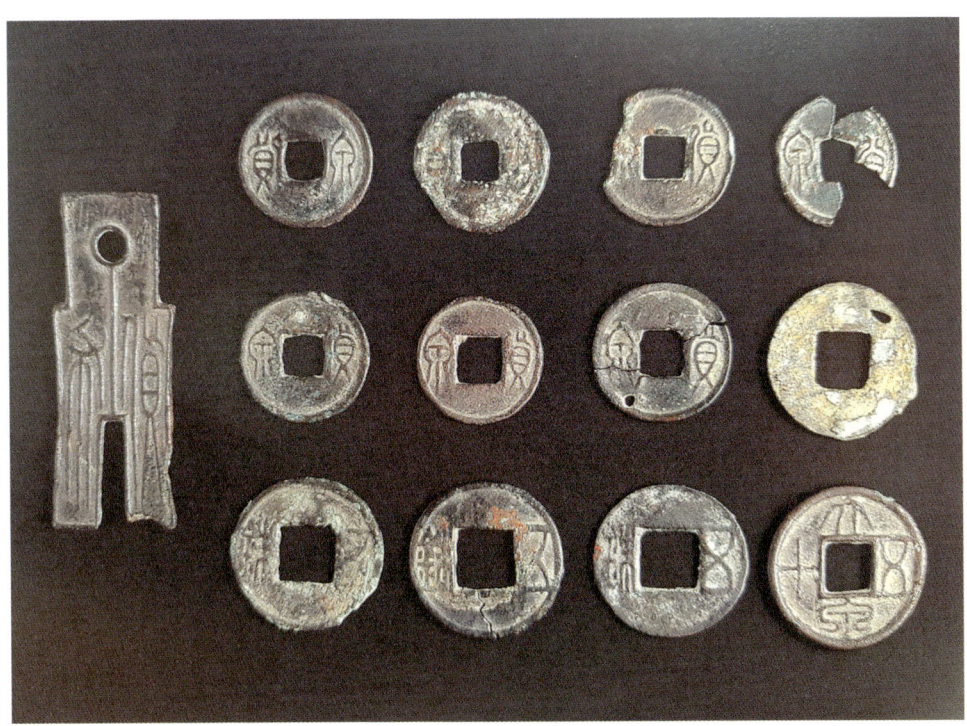
제주항에서 발견된 중국 돈

사라진 것으로 보기도 합니다. 철기 시대 유물은 종달리에서도 발견되었어요.

2 제주 사람들이 살아온 이야기

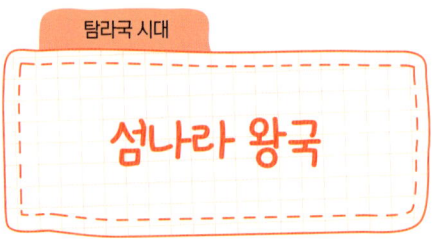

탐라국 시대

섬나라 왕국

문자가 없어서 유물과 유적을 통해서만 사람들이 살았던 것을 알 수 있는 시대를 선사 시대라고 하고, 글자가 생겨 기록이 있는 시대를 역사 시대라고 합니다. 역사를 기록하려면 문자가 있어야 겠지요.

그렇다면 제주의 역사 시대는 언제부터일까요? 그건 바로 탐라국 시대예요. 탐라국을 역사 시대로 만든 나라는 중국이라고 할 수 있어요. 중국 사람들이 바다를 건너 제주에 다녀간 뒤에 역사책에 기록을 남겼거든요. 중국 사람들은 제주를 뭐라고 불렀을까요? 중국 역사책을 보면 '주호', '섬 오랑캐', '섭라', '탐모라'라고 했대요.

역사책 속 제주

제주의 옛 이름으로 가장 많이 알려진 것은 '탐라'예요. '탐'은 '섬'이라는 뜻이고 '라'는 '나라'라는 뜻입니다. 탐라는 나라 이름이기도 하고, 섬 이름이기도 했지요. 통일 신라에 조공을 바치러 간 고후 삼 형제에게 신라 왕이 '성주·왕자·도내'라는 벼슬을 내리고 나라 이름을 탐라라고 불렀지요.

도이, 주호, 도무다례, 섭라, 탐모라, 담모라, 담라, 탁라, 둔라, 탐라 등 제주의 이름은 많기도 하지요? 게다가 한자음을 빌려 섬나라라는 뜻을 표현했기 때문에 우리가 알기 쉽지 않아요.

중국 역사책 《삼국지》에는 주호라는 지역이 나오는데, 서해상에 있는 큰 섬 주호 사람들은 키가 조금 작고, 언어가 마한과는 같지 않으며, 모두 머리를 깎아서 선비족(고대 몽골족에 속하는 유목 민족)과 같다고 했어요. 또 가죽옷을 입었으며, 소와 돼지를 즐겨 길렀는데, 윗옷은 입고 아래옷은 입지 않았다고 해요.

옷감 짜는 기술이 없던 시대에 제주 사람들은 어떤 옷감으로 옷을 지어 입었을까요? 추울 때는 소가죽이나 돼지가죽으로 옷을 지어 입고, 더울 때는 벌거벗고 살았겠지요.

주호 사람들은 사냥이나 채집만으로는 먹을거리가 채워지지 않으니 소와 돼지를 길렀을 거예요. 소와 돼지를 길렀으니 소고기, 돼지고기를 먹었겠지요. 가축을 기른다는 건 들판을 돌아다니며 열매를 따 먹던 사람들이 농사를 짓기 시작한 것과 같은, 아주 큰 변화예요. 둘 다 더 이상 떠돌아다니지 않고 한곳에 머물러 살기 시작했다는 거잖아요.

삼성 신화를 보면 고을나, 양을나, 부을나 세 사람은 공주들이 가지고 온 씨앗과 동물로 농사를 짓기 시작하고 모여 살기 시작하지요. 탐라가 부족 사회에서 부족 국가로 커진 셈이지요. '을나'는 왕과 같은 사람에게 붙인 말로 요즘 말로 하면 '어른', '어르신' 같은 뜻이에요.

《당서》라는 책에 담라 왕 유리도라가 사신을 보내고 공물을 바쳤다고 쓰여 있어요. 담라 왕의 성씨 '유리'는 고구려와 부여 왕족과 관련이 있어요. 주몽이 고구려 왕이 되자 동생 유리와 온조가 남쪽으로 내려와 백제를 세웠거든요.

제주에서 가장 가까운 육지는 전라도예요. 옛날 제주 사람들도 바다를 건너 전라도 해안으로 오갔어요. 우리나라에서 왕이 다스린 대표적인 나라는 고조선, 사국, 고려, 조선이에요. 사국은 고구려, 신라, 백제, 가야지요.

당시 전라도에 자리 잡고 있던 나라는 백제예요. 탐라국과 가장 가까운 나라였지요. 항해술이 발달하지 않았던 당시 탐라국은 가장 가까운 나라 백제와 교류할 수밖에 없었을 거예요. 그래서인지 탐모라국 왕이 백제 왕에게 공물을 바쳤다는 기록이 있어요. "백제 문주왕 때, 탐라 사자가 백제에 귀한 물건을 바치니 은솔 벼슬을 내렸다."는 내용이지요. 여기서 말하는 '귀한 물건'은 제주에서 나는 진주를 말해요.

탐라(탐모라국)가 백제에 조공을 바치기 전, 고구려 사신과 북위(만주에 있었던 나라) 왕과의 대화 기록에도 고구려가 탐라에서 진주를 사들여 북위에 바쳤다고 나오는 것을 보면 탐라의 진주는 아주 유명했나 봐요. 진주는 전복이나 조개를 잡아야 얻을 수 있어요. 그리고 전복이나 조개를 잡으려면 물속으로 들어가야 하니 탐라국 사람들이 물질을 했다는 사실을 알 수 있답니다.

당시 탐라국에서 생산된 전복을 탐라복이라고 했는데, 일본 나라 시에서 나온 목간(문자를 기록하던 나뭇조각)에 6백 그램에 달하는 매우 큰 전복에 대한 기록이 있어요. 탐라복이 일본으로 건너간 기록이 많이 남아 있는 것으로 보아 제주와 일본이 활발히 교류했다는 것을 알 수 있답니다.

일본 역사책《일본 서기》에는 당나라에 갔던 배가 일본으로 돌아가는 길에 풍랑을 만나 탐라국에서 머물다가 갔다는 기록이 있어요. 탐라국 왕자 아파기가 백성 9명과 함께 일본으로 갔다고 쓰여 있지요. 그 후, 고여를 비롯해서 왕자 구마기, 도라, 우마, 가라 등이 일본에 간 기록도 있어요. 이 가운데 구마기는 고씨 성을 가리키는데 당시 고씨들이 탐라국을 다스렸던 것으로 보여요. 도라, 우마 등은 천무천왕 즉위식에도 초대를 받았고, 일본에서도 두 차례나 사신을 보냈다니 두 나라의 교류가 활발했다는 것을 알 수 있어요.

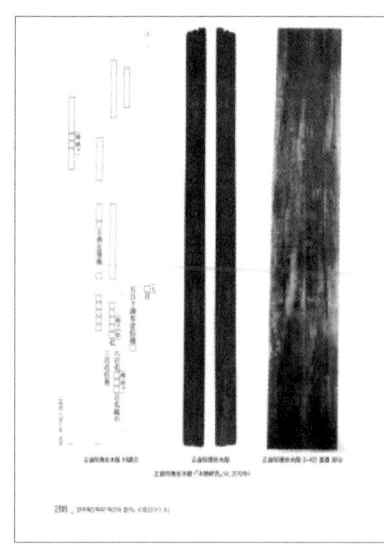

일본 나라 시에서 나온 목간

궁궐 터

 탐라국을 다스린 왕은 어디에 살았을까요? 탐라국 시대에도 왕은 궁궐에 살았을 거예요. 궁궐은 나라의 중심이었으니까요. 그렇다면 탐라국 왕이 살던 궁궐은 어디에 있었을까요? 육지와 가까운 제주시에 자리 잡았을까요? 아니면 날씨가 좋은 서귀포시에 자리 잡았을까요? 이제부터 탐라국 궁궐의 흔적을 찾아가 보기로 해요.

 서귀포시 강정동의 탐라국 궁궐 터에서는 2천 년 전의 민무늬 토기부터 고려 시대의 기와, 도자기 조각들, 탐라국의 큰 절이었던

강정동 궁궐 터

법화사지에서 나온 것에 버금가는 초석들까지 발견되어, 그 자리에 화려한 기와 건물이 있었다는 것을 말해 주지요.

서귀포시 하원동에는 왕자 묘라고 알려진 2개의 무덤이 있어요. 강정동 궁궐 터에서 4킬로미터도 안 되고, 서홍동 궁궐 터에서는 약 5천 미터 거리에 있어요. 그 밖에도 '왕자골'이라는 계곡에 있는 또 다른 '왕자 묘' 등이 모두 1킬로미터 안에 있답니다.

《원대정군지》라는 책에는 이런 기록이 있어요.

"한라산 남쪽 큰 연못(바다)에서 상서로운(복되고 좋은 일이 일어날 것 같은 기운) 용이 태어났는데, 머리는 뱀과 같고 몸은 거북과 비슷하다. 좋은 일이 일어날 것을 바라며 탐라국 왕이 하얀 사슴을 바쳤다."

하원동 왕자 묘

왕자골 왕자 묘

법화사지

  이 기록을 보면 탐라국 왕은 제사장 역할도 했고, 궁궐은 서귀포시에 있었다고 생각할 수 있겠지요.

  하지만 삼성 신화에서 삼신인이 활을 쏘아 제주시에 있는 일도리, 이도리, 삼도리에 거주지를 정해 살았던 것이나 용담동에서 발견된 제사 터와 제주항을 만들 때, 중국 유물이 나온 것, 마한, 백제, 통일 신라와 교류했던 일 등을 생각하면 궁궐은 제주시에 있었다고 생각할 수도 있지 않을까요?

  궁궐이 서귀포시에 있었든, 제주시에 있었든 탐라국은 왕이 다스리는 나라였다는 사실만은 확실합니다.

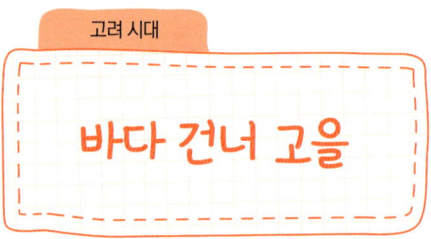

바다 건너 고을

고려 시대

탐라국이 제주가 된 것은 고려 시대부터예요. '제주'는 '바다 건너 고을'이라는 뜻이지요. 고려는 통일 신라 시대, 궁예가 세운 태봉을 거쳐 왕건이 세운 나라예요. 개성을 수도로 정하여 918년에 세우고 415년 동안 이어졌어요.

고려라는 나라가 세워진 후 제주는 자연스럽게 고려의 지배를 받게 되었어요. 938년에 탐라국 왕 말로가 와서 세금을 바쳤더니 성주, 왕자의 지위를 주었다고 합니다. 성주의 지위를 받아들였다는 것은 제주가 '탐라국이라는 나라'에서 '제주라는 성'의 주인으로 지위가 내려가는 것을 받아들였다는 뜻이에요.

처음에 고려는 탐라국에서 오는 사신들을 송나라, 여진족, 일본 등에서 오는 사신들과 똑같이 대우했어요.

농사 짓기 힘든 땅

탐라국 사신들은 토속 신앙 행사인 팔관회나 불교 행사인 연등회에도 참가했지요. 또 이때 물물 교역도 이루어졌는데, 탐라국에서는 큰 배, 귤, 우황, 쇠뿔, 쇠가죽, 비자, 해초, 진주, 말 등을 고려 왕에게 보냈어요.

고려에 보낸 것들을 살펴보면 고려 시대에 제주 사람들이 어떻게 살았는지 조금이나마 엿볼 수 있어요. 예를 들어 해초와 진주는 바다에서 얻는 것이니 물질해서 먹고살았다는 것을 알 수 있고, 귤

제주의 밭담

이 제주의 특산물이었다는 것도 알 수 있지요. 또 고려 시대에 몽골에서 들여온 조랑말을 계속해서 길렀다는 사실도 알 수 있으며, 일본 정벌을 위해 100척의 배를 만들도록 했다니 배 만드는 기술이 뛰어났다는 걸 알 수 있답니다.

고려 시대 제주 사람들은 매우 가난하게 살았어요. 돌이 많고 건조해서 보리, 콩, 조를 재배하였는데, 소, 말, 노루, 사슴이 곡식의 싹을 먹거나 밟아 버려 알갱이가 여물지 않았대요. 또한 밭의 경계선이 없어 힘센 사람들이 남의 땅을 자기 땅이라고 하며 빼앗아 백성들이 많이 힘들었대요. 그래서 판관 김구가 돌로 울타리를 쌓게 하여 경계선을 삼았지요. 그래서 밭담이 생겨났대요.

고려 시대 제주에는 땅이 메말라서 곡식이 별로 나지 않아 전라도에서 상인들이 청자와 쌀을 팔러 오면 큰 도움이 되었대요. 또한 몽골인들이 말을 기르면서 밭을 짓밟아 마음 놓고 농사짓기가 힘들고, 어차피 관리들이 농민들을 착취해서 다 빼앗아 가니 열심히 일하지 않았던 것 같아요.

그래서 이제현의 《익제난고》라는 책에는 이런 '탐라 노래'가 실려 있어요.

거꾸러진 보리 이삭 그대로 두고

가지 생긴 삼도 내버려 두었네

청자와 백미를 가득 싣고서

북풍에 오는 배만 기다리고 있구나

삼별초가 들어오다

세계 역사를 보면 가장 넓은 영토를 차지했던 왕은 몽골의 칭기즈 칸이에요. 칭기즈 칸과 후손 왕들은 몽골을 통일하고 중국과 유럽의 아드리아해, 폴란드까지 점령했어요. 손자 쿠빌라이가 원나라를 세웠어요. 세계적인 대제국으로 성장한 몽골은 원나라를 세우고 호시탐탐 고려를 위협하다가 전쟁을 일으켰어요.

고려는 수도를 강화도로 옮겼고 전쟁을 그치는 조건으로 도읍을 다시 개경으로 옮길 것을 강요하자, 고려 조정은 다시 개경으로 돌아왔지요.

김통정 장군이 이끈 삼별초는 개경으로 돌아가지 않기로 하고 강화도에서 진도를 거쳐 제주도에 들어와 항파두성을 세웠어요.

항파두성

 삼별초는 고려의 군대 조직으로 야별초, 우별초, 신의군을 가리키는 말이에요. 하지만 제주로 들어온 김방경 장군과 원나라 군사에게 지고 말았어요.

 삼별초가 진도를 거쳐 제주로 옮겨 오는 바람에 제주 사람들은 큰 고통을 당했어요. 삼별초가 항파두성 쌓는 데 동원되어 죽을 고생을 한 거예요. 일을 시키면서 먹을 것을 주지 않아 사람 똥에서 소화되지 않고 나온 콩 등을 찾아 물에 씻어 먹었다는 이야기가 전해지지요. 또한 제주 바닷가에 환해장성을 쌓는 데에도 불려 가 무거운 돌을 날라서 성을 만들어야 했어요.

환해장성

제주의 말을 보내라

삼별초를 무찌른 후 원나라는 제주에 탐라국 초토사를 설치하고, 탐라진수군을 보내 다스리기 시작했어요. 그리고 동서에 외양간을 지어 소, 말, 낙타, 나귀 등을 기르는 한편 다루가치를 두어 감독했지요. 다루가치는 행정과 군사를 아우르는 중요한 관직이었어요. 이때 제주로 들여온 조랑말 160마리를 수산평(지금의 성산읍 수산리)에서 기르기 시작했어요. 몽골의 조랑말을 본격적으로 기르기 시작한 거지요. 그 후 원나라는 탐라총관부를 설치하고 100년 동안 제주를 다스렸어요.

공민왕 때, 원나라가 무너지자 고려는 새로운 나라 명나라와 형제 관계를 맺고 제주의 말을 보내려고 했지요. 이에 제주에 있던 원나라 목호들인 필사초고, 석질리, 독불화, 관음보 등은 원나라 황제가 기르게 해 준 말을 원나라를 망하게 한 명나라에 보낼 수 없다면서 목호의 난을 일으켜 고려 조정에서 보낸 관리들을 죽여 버렸어요.

목호는 원나라에서 말을 돌보러 온 사람들을 일컫는 말인데, 제

수산평

주어로는 테우리라고 해요. 목호의 난은 명나라 백성이 되기를 싫어한 목호들이 일으킨 난이지요.

고려 조정에서는 다시 관리를 보내어 말을 바칠 것을 청하는 것으로 사건을 마무리했어요. 그런데 명나라에서 다시 말 2천 마리를 요구하였고, 제주에서 말을 가져가려 하자 목호들은 또 난을 일으키고 제주목사를 죽였어요.

그러자 조정에서는 최영 장군과 전라도와 경상도를 지키던 여러 장수를 제주에 보냈어요. 목호를 물리치기 위해 배 314척, 군사 2만 5천6백여 명이 왔으며, 최영 장군은 마지막으로 범섬을 포위하

제주말

고 목호의 우두머리 3명과 부하들을 처단하여 난을 평정했지요.

당시 원나라의 목호들은 3대에 걸쳐 제주도 여성들과 결혼해서 자손을 낳고 살았기 때문에 난이 진행되는 동안 제주 사람들도 큰 피해를 보았습니다.

한편 최영 장군은 제주로 들어오는 길에 풍랑을 만나 추자도에 머물면서 사람들에게 그물로 고기 잡는 법을 가르쳐 주었다고 해요. 그 후로 추자도 사람들은 고기를 많이 잡는 방법을 가르쳐 준 최영 장군을 고마워하는 마음으로 사당을 짓고 해마다 제사를 지내고 있답니다.

최영 장군 사당

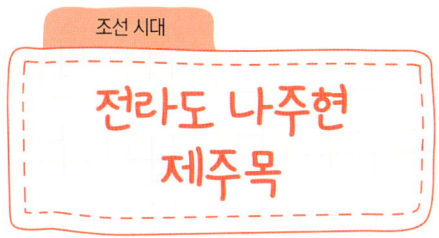

조선 시대
전라도 나주현 제주목

우리나라 역사에서 고려 다음으로 세워진 나라가 조선이에요. 고려 장군 이성계가 조선이라는 나라를 세웠지요. 조선은 우리나라를 8도로 나누고 제주는 전라도 나주현에 두었어요. 8도에는 관

제주 향교 대성전

찰사를 두었고, 도마다 있는 군현에는 수령(현감)을 두어 다스렸지요. 그리고 나라를 세우자마자 제주에 향교를 지었어요.

　제주에서 가장 오래된 건물인 관덕정은 1448년(세종 30년)에 군인들을 훈련하는 곳으로 지어졌어요. 관덕이란 '평소에 마음을 바르게 하고 훌륭한 덕을 쌓는다.'는 뜻을 가지고 있었지요. 관덕정은 처마가 긴 것이 특징이었는데 일제 강점기에 보수하면서 많이 잘라 내서 최근에 옛날 모습으로 다시 고쳤지요. 관덕정은 1991년에 발굴 조사를 마친 후 1993년에 대한민국 사적으로 지정되었고, 2002년에 복원되었어요.

관덕정

조선 3대 임금이었던 태종은 한라산 북쪽을 제주목으로 정하고, 한라산 남쪽을 정의현과 대정현으로 나누었어요. 제주목사가 일하던 관청은 제주목 관아인데 탐라국 시대에도 성주청이 있었대요. 일제 강점기에 관덕정 건물만 남기고 목관아는 무너뜨리고, 법원, 우체국, 경찰국 등의 건물을 지어 사용했는데, 이들 관청은 이도동으로 옮겨 가고 2002년 새로 목 관아를 지었어요.

착한 정치를 편 목사들

제주는 사면이 바다여서 왜구가 자주 쳐들어왔어요. 제주목사는 문관과 무관이 번갈아 파견되었는데 왜구를 막아 내기 위해 문관보다는 무예와 병서 시험을 보아 뽑힌 무관 목사가 많았어요.

제주목사나 정의현감, 대정현감의 임기는 30개월이었으나 반드시 지켜지지는 않았어요. 게다가 본인이나 부인의 병으로 부임하지 않은 목사도 있고, 제주에 오다가 죽거나, 부임을 거부해서 관직에서 쫓겨난 목사도 있었어요. 조선 시대를 통틀어 제주목사는 286명이었는데, 짧게는 1개월에서 길게는 6년 4개월까지 목사 일을 했어요.

탐관오리라는 말을 들어 봤나요? 백성의 재물을 탐내어 빼앗는, 행실이 깨끗하지 못한 관리를 가리키는 말이에요. 제주는 한양에서 멀리 떨어진 곳에 있는 섬이어서 암행어사도 오기 어려운 곳이라 나쁜 마음을 먹고 백성들을 괴롭힌 목사들이 있었어요. 조정으로 올려 보내는 말이나 전복, 귤 등을 지나치게 많이 거두어들여 자기 주머니를 채운 목사도 있었지요.

기록에 따르면 제주목사 가운데 착한 정치를 편 목사는 58명, 백성을 괴롭힌 목사는 14명, 잘못 다스린 목사가 15명이라고 해요. 이 가운데 착한 정치를 편 일곱 분을 소개할게요.

양헌수 목사: 강화도에 쳐들어온 프랑스 군함을 물리친 장군으로, 제주에 부임한 뒤 태풍으로 백성들이 굶어 죽게 되자 백성들과 함께 울었습니다.

기건 목사: 해녀들이 차가운 바다에 들어가 전복 따는 모습을 보고 임무를 마치고 제주를 떠날 때까지 해산물을 먹지 않았습니다.

이약동 목사: 세금을 줄여 주고, 정월 대보름에 한라산 봉우리

산천단

에 있는 백록담에서 지내던 한라산신제를 제주성 내에서 가까운 곳에 있는 산천단에서 지내게 하여 백성들이 얼어 죽는 것을 막아 주었습니다. 임무를 마치고 제주를 떠날 때에는 모든 물건을 놔두고 갔으며, 사용하던 말채찍까지 관덕정에 걸어 두어 도민들의 칭송을 받았습니다.

이종윤 목사: 선물을 일절 받지 않고, 세금 및 부역을 줄여 주어 백성들 사랑을 받았습니다.

김수문 목사: 제주를 기습한 왜적에 맞서 정예병을 뽑아 승리를 거두는 등 여러 차례 왜구를 막아 냈습니다.

노정 목사: 전염병이 돌고, 식량이 모자라자 백성들을 위해 온 힘을 기울여 일했습니다.

김정 목사: 삼천서당을 만들어 백성들 교육에 힘쓰고 몸소 돌을 나르며 화북포구를 만들었습니다. 죽어서 제주에 묻혔습니다.

감상헌이 쓴 《남사록》에는 이런 글이 실려 있어요.

제주지경 안에는 남자 무덤이 적고 여자는 남자의 세 곱이나 된다. 이러한 이유로 부모 된 자로서는 여자를 낳으면 말하기를 "얘는 우리를 잘 섬길 아이"라 하고, 남자를 낳으면 "우리 애가 아니라 곧 고래의 먹이"라 한다.

고기 잡으러 나갔다가 죽는 사람도 많았지만, 고려 시대부터 삼별초의 난, 목호의 난, 왜구 침입 등으로 죽는 사람도 많았어요. 그래서 옛날 제주에는 여자가 많았던 거예요. 제주를 일컬어 삼다도라고 하는데 삼다 가운데 하나가 여자랍니다.

나라에서 필요한 말을 기르는 섬

　조선은 조정에서 사용할 말을 기르는 제주를 매우 중요한 곳으로 여겼어요. 말과 소의 양을 조사하여 장부를 만들고, 노비를 헤아려 족보를 만들었으며, 나라에 바치는 토산물과 세금을 정했어요.

　조선 시대에 제주에서는 큰 목장이 10개나 있을 만큼 말을 많이 길렀어요. 말을 기르다가 조정에서 말이 필요하다고 하면 배에 실어 날랐지요. 배에 말을 실어 바다를 건너는 것은 매우 힘든 일이었어요. 그리고 관청의 말이 죽으면 관리들은 기르던 사람에게 물어내게 했어요.

　이형상 목사가 쓴 《남환박물》이라는 책에는 '물어낼 돈이 없는 사람이 가족을 팔아 그 돈으로 말을 사서 바쳤다.'는 기록이 있지요.

호마

힘들고 힘든 포작인과 잠녀

전복과 물고기 등을 잡아서 나라에 진상하는 임무를 맡은 사람을 포작인이라고 불렀는데, 나중에는 보자기(보재기)라는 말로 변했답니다. 포작인은 나라에 바치는 해산물뿐만 아니라 관아에서 쓰는 물품까지 맡았어요. 관아에서는 포작인에게 1년에 광목 20필, 잠녀에게는 7~8필에 해당하는 액수를 세금으로 내도록 했어요.

따라서 포작인과 잠녀의 고통은 이루 말할 수가 없었으며, 제주 백성들은 이를 6고역(고통스러운 역할, 관청에서 시키는 힘든 일)에 포함시켰답니다. 6고역은 목자직(말 기르기), 과원직(과수원 돌보기), 선격역(무보수로 선원 일을 하거나 수군이 됨), 답한역(관청 땅에서 농사짓기), 포작역(어업에 종사하는 남자), 잠녀역(물질하는 여자)을 가리켜요. 특히 말을 기르다가 죽으면 부모나 처자식을 팔거나 자신이 머슴살이를 해서 갚기도 했어요. 여자도 역을 져야 했고, 60세 이상의 노인이나 갓 태어난 어린아이에게도 역을 지웠어요.

중앙 정부에서 요구하는 양이 많아 열 사람 몫을 감당해야 했기 때문에 제주 백성들은 1년 내내 진상품을 마련하기 위해 노력해야 했으며, 생활이 힘들어 전라도나 경상도, 충청도, 황해도 등의 전국 해안으로 몰래 도망갔어요. 세금을 낼 제주 백성이 줄어들어 나라에 바칠 특산물을 마련하기 힘들고 나라를 지킬 수 없게 되자 인조 때부터 200년 동안 제주 바깥으로 나가지 못하게 하는 출륙 금지령을 내렸어요. 그래서 육지와 왕래를 하지 않는 바람에 배를 만드는 기술이 더 이상 발전하지 않았지요.

《남사록》에는 이런 이야기도 기록되어 있어요.

제주에서 나라에 바치는 전복 수량도 많은데, 관리들이 자기 욕심을 채우는 것 또한 몇 배나 된다. 포작인들은 견디다 못해 도망가고 물에 빠져 죽는 자가 열에 일고여덟이다. 그래서 제주 여자들

해녀

은 포작인들과 결혼하지 않으려 한다.

　포작인들은 나라에 바치는 물건을 배로 나르기 때문에 바다를 잘 알았지요. 그래서 수군이 되어 왜구를 막아 내다가 죽기도 했어요. 이렇게 포작인들이 도망가거나 죽자 여자들이 물질을 도맡아 하게 되었어요. 그들이 바로 해녀예요.

　해녀는 바닷속에서 소라나 전복, 미역, 성게 등을 따는 여자를 가리키는 말로 옛날에는 잠수, 잠녀, 좀녀, 좀네 등으로 불렀는데, 일제 강점기에 일본 사람들이 해녀라고 부르기 시작하여 지금까지 이어지고 있지요.

물질을 도맡게 된 해녀

　제주 해녀가 유네스코 무형 문화유산에 등재된 사실을 알고 있나요? 해녀 문화는 전국으로 퍼져 제주도뿐만 아니라 우리나라 바닷가, 섬에 가면 볼 수 있어요.

　해녀들이 바다에서 일하는 것을 '물질'이라고 합니다. 해녀들은 아주 어린 시절에 헤엄치기를 배우고, 부모나 마을 사람들로부터

옛날 해녀들의 옷

물질하는 법을 배워 얕은 바다에서 물질하다가 나이가 들면 깊은 바다로 옮겨 가지요.

해녀 중에서 물질을 잘하여 해산물을 많이 잡는 사람을 '상군'이라고 하고, 그다음은 '중군', 서투른 사람을 '하군'이라고 해요. 아주 깊은 바다에 들어가 일하기 때문에 해녀는 오래 숨을 참을 수 있어야 하지요. 나이 많은 해녀들은 얕은 바다에서 일을 하는데, 이 바다를 할망바당이라고 해요. 할망바당에서 어린 해녀들이 물질을 배우지요.

일제 강점기에 제주 해녀들은 육지의 해안 지방, 일본의 쓰시마(대마도)와 홋카이도(북해도), 중국의 다롄(대련), 러시아의 블라디보스토크까지 가서 물질을 하여 돈을 벌어 가족을 먹여 살렸어요.

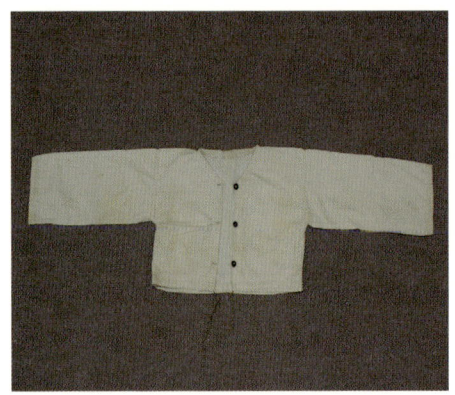

물적삼

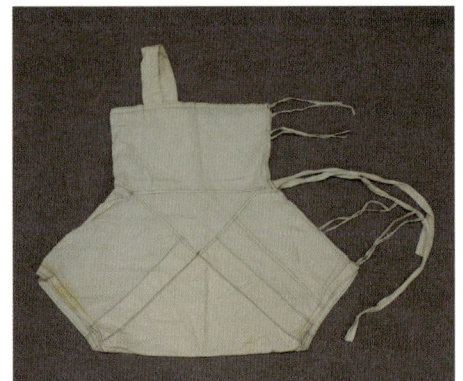

물소중이

불턱

지금처럼 옷감이 많지 않았던 옛날에는 남녀가 옷을 입지 않고 물질을 했는데, 이형상 목사가 그 모습을 보고 옷을 입고 물질을 하도록 시켰다고 해요. 해녀들이 입었던 윗옷은 물적삼, 아래옷은 물소중이라고 불렀어요. 머리에는 수건을 쓰고, 물질하다가 추우면 뚜데기라는 천을 둘러썼지요. 한겨울에도 해녀들은 추위에 떨며 물질을 했답니다. 그래서 불턱(해녀들이 물질을 하기 위해 옷을 갈아입거나 쉬려고 만든 곳)에서 불을 피워 언 몸을 녹이고 다시 물질을 했지요. 상군 중 우두머리인 대상군은 바람을 등지고 앉아 연기를 마시지 않았대요.

할망바당

키우는 것보다 힘든 귤 상납

조선 시대에는 귤(황감)이 익으면 한양에 있는 궁궐로 보냈는데, 이때 성균관과 사학 유생들에게 귤을 나누어 주고 황감제라는 과거를 열어 관리를 뽑기도 했대요. 신하들이나 성균관 유생들은 귤 하나를 얻기 위해 애를 썼다고 하지요.

그런데 귤 때문에 제주 농민들은 애를 먹었답니다. 귤이 많이 열린 해를 기준으로 해마다 똑같은 양의 귤을 상납하도록 하고, 초여름에 핀 감귤꽃 수와 겨울에 거두어들인 귤의 숫자가 다르면 벌을

감귤꽃

주었기 때문이지요. 궂은 날씨 탓에 열매가 상할 수도 있고 또 병이 들거나 벌레에 먹힐 수도 있는데 백성들 사정은 헤아리지 않고 바치라고 하니 백성들이 귤 재배를 하지 않으려고 살아 있는 나무를 뽑아 버리거나 뿌리에 뜨거운 소금물을 부어 나무를 말려 죽이는 일도 있었답니다.

출륙 금지령을 깨고 한양에 간 김만덕

조선 시대 제주 여성 가운데 김만덕이라는 분이 있었어요. 한양에 사는 관리들을 비롯한 많은 사람들이 직접 만나 보고 싶어 했을 만큼 유명했던 여성이지요. 형조 판서를 지낸 이가환은 시를 지어 헌정하였고, 영의정을 지낸 채제공은 《만덕전》이라는 전기까지 써서 바칠 정도였지요. 추사체로 유명한 김정희가 귀양살이 중에 김만덕의 선행에 대한 이야기를 듣고 '은광연세(은혜로운 빛이 세세토록 빛나리라)'라는 글을 써서 손자인 김종주에게 준 나무판자는 지금도 국립제주박물관에 남아 있어요.

김만덕은 어려서 부모를 잃고 고아가 되었어요. 친척 집에서 겨

김정희의 '은광연세'

우 목숨을 이어 가던 만덕은 나이 든 기생의 집에 맡겨졌어요. 그곳에서 김만덕은 노래, 춤, 악기 다루는 법을 배워 기생이 되었어요. 나이가 들자 만덕은 제주목사에게 간절히 부탁하여 기생 신분에서 벗어나 보통 사람이 되었어요.

그 후, 객주를 열어 음식을 팔고, 제주 특산물인 귤, 미역, 말총, 양태(대나무로 만든 갓의 테)와 맞바꾼 육지의 옷감, 장신구, 화장품을 제주에서 팔아 돈을 많이 벌었어요. 그러나 '내가 편안하게 사는 것은 하늘의 은덕'이라고 믿었기 때문에, 아주 검소하게 살았지요.

김만덕 객주

1793년 제주에서는 6백여 명이나 굶어 죽을 정도로 큰 흉년이

들었어요. 정조는 2만 섬의 쌀을 보내 주었지만, 쌀을 실은 배 5척이 풍랑을 만나 물속에 빠져 버렸어요. 이때 만덕은 전 재산을 내놓아 5백여 석의 쌀을 다시 사 왔는데, 이 가운데 450여 석을 구호 식량으로 기부하여 굶주림으로 죽어 가던 제주 백성들을 살려 냈어요.

이 사실을 안 정조가 "너는 한낱 여자의 몸으로 바른 생각을 하여 굶어 죽는 사람 천백여 명을 구하였으니 기특하다."라고

김만덕 영정

칭찬하고, 이듬해인 1796년 제주목사를 통해 소원을 물었어요. 김만덕은 한양에 올라가 임금을 만나고, 금강산에도 가 보고 싶다고 했고, 정조는 제주 백성은 섬 밖으로 나가지 못한다는 출륙 금지령을 깨고 '의녀 반수'라는 벼슬을 내려 만덕의 소원을 들어주었다고 합니다.

귀양살이하러 제주에 온 사람들

제주는 육지부와 거리가 멀어 교통이 매우 불편한 섬이었어요. 고려 말부터 죄인들을 귀양 보내고 사람들은 제주를 원악도(멀리 떨어져 살기 힘든 섬), 바다 위의 감옥(뇌옥)이라고 불렀지요. 큰 죄를 지은 죄인들이 제주로 귀양을 왔고, 죄가 더 큰 사람들은 정의현이나 대정현으로 갔지요. 죄인들 중에는 편히 살다가 돌아간 사람도 있지만 집 둘레에 가시가 많은 탱자나무를 심은 집에서 살았던 사람도 있어요. 그렇게 사는 것을 위리안치라고 하지요.

조선 시대에 제주로 귀양 왔던 사람은 2백여 명에 가까우며, 가장 지위가 높은 사람은 15대 임금 광해군으로 67세에 와서 4년 동안 귀양살이하다가 죽은 다음에야 한양으로 올라갔어요. 가장 나이가 많은 사람은 84세에 귀양 온 신임

위리안치

김정희의 세한도

이라는 사람이고, 가장 나이가 어린 사람은 신유박해로 1살 때 유배된 황사영의 아들 황경현이고, 인조의 미움을 받은 소현세자의 셋째 아들 석견은 귀양 올 때 4세였습니다. 석견은 제주에서 강화도로 갔다가 다시 제주로 왔다가 강원도로 가서 석방되었습니다.

추사체로 유명한 김정희는 1840년 55세에 대정현에 귀양 와서 9년을 지냈어요. 63세에 고향으로 돌아갔는데, 제주에 있는 동안 추사체를 완성했고, 세한도라는 유명한 그림을 그렸지요.

왕족, 양반, 학자, 승려, 환관, 범죄인 등 다양한 사람들이 귀양을 왔었는데, 그들이 가장 슬퍼한 것은 밤에 들리는 파도 소리, 두려워한 것은 징그러운 뱀, 괴로워한 것은 조밥 먹기였다고 합니다.

풍랑으로 제주에 떠밀려 온 사람들

제주에는 갑자기 태풍이 불어오거나 돌풍이 불어 파도가 높아져 뜻하지 않게 먼 곳으로 밀려가거나 반대로 먼바다를 지나다가 떠밀려 온 사람들이 있었어요.

최부는 1448년에 도망친 노비를 잡아 오는 추쇄경차관으로 제주에 부임했는데, 아버지가 돌아가시자 고향으로 가기 위해 배를 탔다가 풍랑을 만나 중국으로 밀려가 항주, 소주, 서주, 천진, 북경을 거쳐 6개월 만에 귀국했어요. 성종의 명을 받아 견문기인 《표해록》을 썼지요.

제주 애월 출신 장한철은 향시에 합격하자 진사과에 응시하기 위해 1770년 12월 25일 일행 29명과 조천관을 출발하여 한양으로 가던 중 표류하게 되지요. 전라남도 소안도 서쪽인 노어도 근처에서 태풍을 만나 4일 만에 일본 오키나와에 도착했으나 왜구를 만나 봉변을 당하고, 베트남 상선에 구조되었으나 제주에서 베트남 세자를 살해한 일로 다시 표류하게 되었어요. 태풍에 밀려 흑산도 부근에서 난파되어 일행 중 8명만 간신히 청산도에 도착하여 강진을 거쳐 제주로 돌아왔답니다. 장한철은 다시 과거 시험을 보러 한양에 갔다가 돌아와 《표해록》을 썼답니다.

　표류해서 제주에 온 다른 나라 사람 가운데는 중국 사람들이 가장 많고, 일본, 오키나와, 베트남 배들도 표류했다가 돌아간 일이 있어요. 특히 오키나와는 태풍과 구로시오 해류 때문에 제주로 표류하는 사람이 많았지요.
　유럽 사람들은 17세기가 되자 아시아를 상대로 장사를 하고 싶

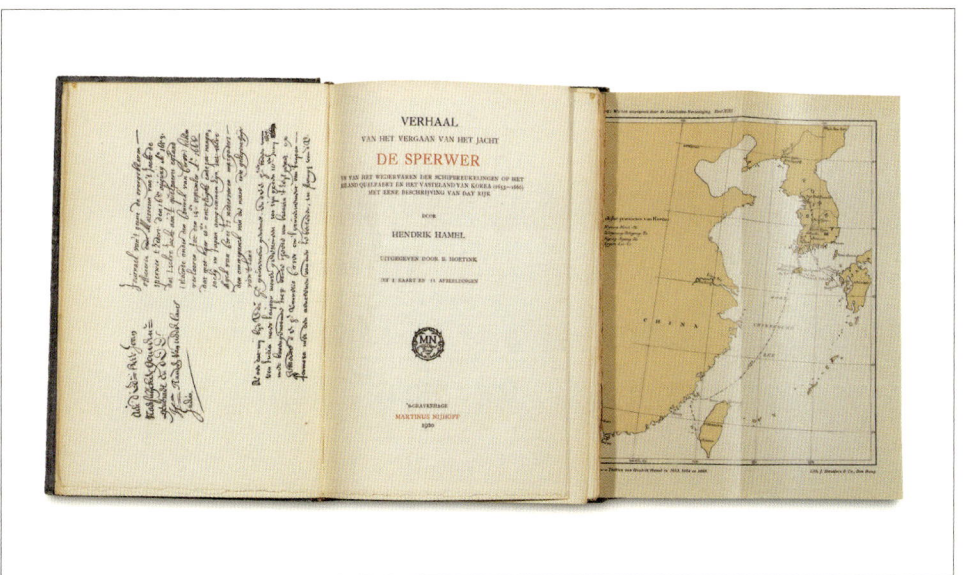

《하멜 표류기》

어 했어요. 포르투갈, 영국, 프랑스, 네덜란드 등이 동양에 대해 무역할 수 있는 권리를 부여받아 동인도회사를 세웠지요.

1653년(효종 28년)에 네덜란드 사람 64명이 네덜란드 텔슨항을 출발했어요. 이들 가운데 하멜이란 청년도 끼어 있었지요. 이들은 일본으로 가던 중 폭풍우를 만나 제주에 닿았어요. 하멜 일행을 발견한 제주목사는 조정에 알렸고, 통역을 담당할 사람을 제주로 내려 보냈는데, 조선에 귀화해서 살고 있는 박연(벨테브레)이란 사람이었어요.

박연의 보고를 받은 효종은 하멜 일행을 한양으로 불러들여 식량과 벼슬을 주고 군사 훈련에 참가시켰으며, 남북산, 남이안 등 조선식 이름도 지어 주었어요. 하지만 고향을 잊지 못하고 그리워하던 하멜 일행은 탈출을 거듭하다가 결국 네덜란드로 돌아갔습니다. 하멜은 네덜란드로 돌아간 뒤 월급을 받기 위해 회사에 보고서를 냈는데, 이것이 바로 《하멜 표류기》로, 서양 사람들에게 제주를 처음으로 알린 책이었지요.

그 후, 1785년 프랑스 사람 라페루즈가 제주 근해에 와서 조사를 했지만 상륙은 하지 않았어요. 1845년 영국 군함인 사마랑호가 우도에 머물면서 제주 해안선을 정밀하게 측량하였고, 1870년에는 독일인 겐테가 중국 특파원으로 근무하면서 우리나라를 여행하다가 제주에 와서 한라산을 오르면서 한라산 높이가 1950미터라는 걸 알아냈지요. 겐테는 감옥과 고문 기구도 살펴보고 배를 타고 출발했다가 태풍을 만나 표류하다가 목포에 도착했어요. 독일로 돌아간 후에 《섬(제주) 탐험과 중국 동해에서의 표류》라는 글을 썼답니다.

📍 탐라순력도

제주를 다스리던 목사들은 문화와 풍습, 풍토를 알 수 있는 책을 썼어요. 그중에서 제주를 한눈에 알아볼 수 있도록 만든 책이 《탐라순력도》예요.

1702년 제주목사 이형상은 화가 김남길을 데리고 여러 고을을 돌며 풍경과 행사를 그리게 했어요. 이 책에는 제주 지도 한 장과 성산

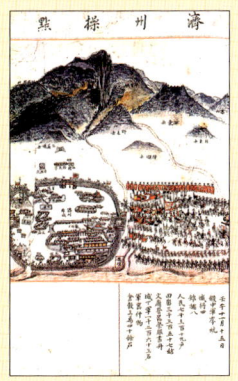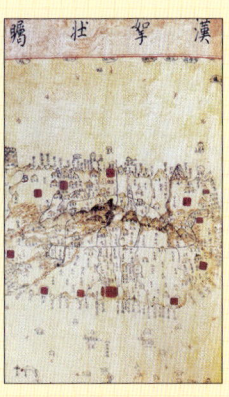

일출봉, 정방폭포 뱃놀이, 감귤이나 말을 점검하는 모습을 담은 제주목 관아 등 39쪽의 그림이 실려 있어요. 제주의 자연과 풍속이 고스란히 담겨 있어 당시 제주 모습을 알 수 있는 소중한 문화유산이지요.

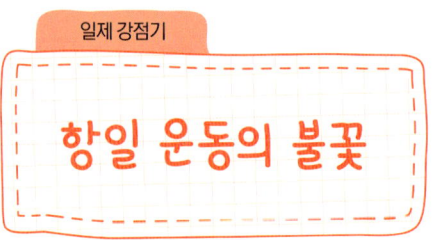

일제 강점기

항일 운동의 불꽃

  8월 15일 광복절이 무슨 날인지 알지요? 그래요. 일본 제국주의자들이 총칼로 빼앗아 갔던 우리나라의 주권을 되찾은 날이에요. 메이지 유신으로 근대화한 일본은 청일 전쟁과 러일 전쟁에서 승리한 후 1905년 강제로 을사늑약을 맺어 우리나라 외교권을 빼앗고, 1910년에는 '한국과 일본은 한 나라'라는 한일 병탄 조약을 맺어 우리나라 주권을 빼앗았어요.

  우리나라 국민들은 일본에 대항해서 크고 작은 항일 운동을 벌였는데, 대표적인 운동이 삼일 운동, 광주 학생 항일 운동이지요. 특히 삼일 운동은 전국으로 번져 곳곳에서 만세운동이 벌어졌는데 일본이 주동자를 잡아들여 서대문형무소에 가두고 모진 고문을 했어요. 삼일 운동이 실패로 돌아가자 김구를 비롯한 독립운동가들은 중국 상하이로 건너가 임시 정부를 세우고, 만주에서는 대한독

립군이라는 군대를 만들어 청산리 전투, 봉오동 전투에서 승리하는 등 항일 운동을 이어 갔어요.

제주에서는 누가 어떻게 항일 운동을 했을까요? 제주의 항일 운동 가운데 법정사 항일 운동, 조천 만세 운동, 해녀 항일 운동을 살펴볼까요?

법정사 항일 운동

법정사 항일 운동은 제주 최초, 최대의 항일 운동이에요. 1918년 6월에 산천단에서 형제가 되기로 약속한 김연일, 강창규, 방동화는 중문에 있는 법정사를 중심으로 선도교(보천교)의 제주 대표인 박주석과 김연일 스님 등과 무장 항일 운동을 의논하고 '제주에 사는 일본 관

법정사

리를 소탕하고 일본인을 추방하자'는 글을 13개 마을에 붙였어요.

10월 6일 도순리 인근 마을 주민 7백여 명까지 참여하여 다른 주재소 경찰들에게 연락하지 못하게 전선을 끊고, 10월 7일에는 주민들과 함께 중문 경찰 주재소를 불태우고 일본인을 때리며 독립을 외쳤지요.

법정사 항일 운동 기념비

법정사 항일 운동은 삼일 운동보다 5개월여 먼저 일어났어요. 이 운동으로 66명이 검찰에 잡혀가 고문을 당한 끝에 2명은 감옥에서 죽고, 31명은 징역형, 15명은 벌금형을 받았는데, 징역형을 받은 사람들 가운데 3명은 감옥에서 죽었어요. 일본은 법정사 항일 운동이 널리 퍼지는 것을 염려하여 주동자들의 활동을 항일 운동이 아니라 세상을 어지럽히고 백성을 속인 사이비 종교 단체의 행동으로 돌렸답니다.

조천 만세 운동

제주의 삼일 운동은 조천에서 3월 21일부터 24일까지 네 차례에 걸쳐 일어났어요. 조천 출신 휘문고보 학생 김장환이 독립 선언서를 몰래 숨겨 제주로 내려와 서울의 만세 운동 소식을 알린 것이 발단이 되었지요. 김장환은 유림들 사이에서 잘 알려진 삼촌에게 이야기하여 3월 21일을 거사일로 정하고 동지들을 모으고 태극기를 만들었어요.

3월 21일 조천 미밋동산(만세동산)에서 독립 선언서를 낭독하고

미밋동산

'대한 독립 만세'를 외치며 비석거리까지 행진했어요. 조천과 신촌, 함덕, 신흥의 서당 학생 150여 명도 참여하였고, 마을 사람 5백여 명이 만세를 불렀답니다. 오후 3시경 다시 독립 선언서를 낭독하고 제주 성내까지 행진기로 했으나 신촌에서 출동한 경찰에 13인이 체포되었어요.

조천 만세 운동은 이후에도 27명이 경찰에 체포되면서 잠잠해졌지만, 제주 사람들에게 민족의식을 불어넣는 계기가 되었어요.

해녀들의 항일 운동

1920년 해녀들이 권리를 지키기 위해 제주도 해녀 어업 조합을 만들었는데, 조합장을 일본 사람인 제주도사(제주도지사)가 맡아 다른 고장으로 물질하러 나가는 해녀들에게 조합비를 받는 등 온갖 횡포를 부렸어요. 조합비를 내지 않으면 다른 지방으로 나갈 수 없으니 해녀들은 하는 수 없이 비싼 조합비를 내야 했지요.

그리고 해녀들이 잡은 해산물을 조합에서 지정한 상인에게만 팔도록 하여 힘들게 잡은 해산물을 싼값으로 넘겨야만 했어요. 지정

해녀 항일 운동 기념탑

받은 상인들은 비가 오는 날 잡은 해산물은 값을 잘 쳐주지 않았어요. 해녀들의 불만은 날이 갈수록 쌓여 갔지요.

1932년 1월 7일 세화 장날을 이용하여 해녀들이 해조류를 캐는 정게호미와 전복을 캐는 비창을 들고 면사무소로 가서 항의하자 면장이 책임지고 해결해 주겠다고 약속하여 그냥 집으로 돌아갔어요. 그러나 아무리 기다려도 해녀들 요구가 받아들여지지 않았지요.

그 후, 새로 온 제주도사가 1월 12일 세화 장날에 면사무소에 온다는 것을 알고 다시 해녀들이 모여 항의했어요. 겁이 난 제주도사는 해녀들 요구를 들어주겠다고 약속하고 돌아갔어요. 그런데 오히려 해녀 36명이 잡혀가고, 청년 14명도 붙잡혀 감옥에 갇혔어요. 비록 실패로 끝났지만 최초로 여성들끼리 똘똘 뭉쳐 일본에 항거한 항쟁이었지요.

이때 해녀들은 우도 출신 강관순이 지은 해녀의 노래를 부르면서 행진을 했다고 해요.

우리들은 제주의 가엾은 해녀들
비참한 살림살이 세상이 안다
추운 날 무더운 날 비가 오는 날에도
저 바다 물결 위에 시달리는 몸

아침 일찍 집을 떠나 황혼 되면 돌아와
어린아이 젖 먹이며 저녁밥 짓는다
하루 종일 해 봤으나 버는 것은 기막혀
살자 하니 한숨으로 잠 못 이룬다
……

이 외에도 1919년 3월 1일 서울 탑골공원에서 독립 선언서 낭독이 열리던 날, 관립 경성여자고등보통학교 사범과에 다니던 강평국, 고수선, 최정숙은 79소녀대와 함께 거리에서 만세를 불렀으며, 사범과 대표였던 최정숙은 본과 대표 최은희와 8개월 동안 서대문형무소에서 갇혀 고생을 했어요. 세 사람은 애국지사로 선정되었고, 신성여자중·고등학교와 황사평 천주교 성지에 기념비를 세워 기리고 있어요.

📍 해녀들이 세운 학교

일제 강점기에는 제주도 읍·면에 국민학교(초등학교) 한두 개 정도가 있었어요. 그래서 해방이 되자 마을마다 학교 만드는 게 제일 급한 일이었지요. 어린이들이 멀리 있는 학교에 다니기 힘들었거든요. 그래서 사람들이 교실 지을 땅을 내놓고, 돈을 모아 학교를 짓기 시작했어요.

온평초등학교

성산읍 온평리 해녀들은 학교바당을 정해 놓고 그 바다에서 딴 미역을 말려서 팔아 1947년에 교실 4개를 짓고 온평초등학교를 세웠어요. 그런데 1950년에 학교가 불에 타자 해녀들은 다시 미역을 캐서 학교를 지었어요. 그리고 여학생들을 중학교에 보내기도 했지요. 지금 온평초등학교에는 해녀 공로비가 서 있답니다.

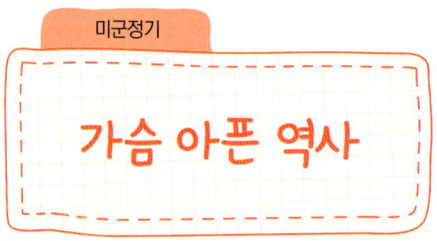

미군정기

가슴 아픈 역사

　1945년 8월 15일, 우리나라 사람들은 전국 방방곡곡에서 태극기를 들고 나와 만세를 불렀어요. 35년 동안의 일본 압제에서 벗어났으니 얼마나 좋았겠어요.

　그런데 제주에는 일본군 7만여 명이 남아 있어 만세를 부를 수 없었어요. 태평양 전쟁에서 미군에 밀리자 일본 본토를 방어하기 위해 만주에 주둔하던 일본군들이 제주로 들어와 오름과 해안에 동굴 진지를 팠지요. 9월 28일 미군이 제주에 상륙하여 일본군들을 몰아내고 나서야 만세를 불렀는데, 그때부터 일본 대신 미군이 제주를 다스리기 시작했어요.

　'새로운 조국을 건설하자!'는 구호 아래 일부 사람들은 건국 준비 위원회를 조직하였다가 제주 인민 위원회로 이름을 바꿨어요. 인민 위원회는 제주에 하나뿐인 정당으로 인정받고 활동했지요.

해방과 미군정

해방이 되었지만 지긋지긋한 가난은 여전했고, 생필품이 턱없이 모자랐어요. 게다가 1946년에 흉년이 들어 굶주리는 사람들이 많았어요. 엎친 데 덮친 격으로 콜레라까지 나돌아 사람들은 죽지 못해 사는 형편이었어요.

그런데도 미군정은 일제 강점기 때, 공출로 피를 말린 사람들에게 다시 보리 공출을 명령했어요. 또한 법환리 출신 재일 동포들이 고향 마을에 전기를 놓아 주기 위해 보낸 자재를 밀수품이라고 하여 빼앗는 등 경찰의 불법 행위로 해방이 되면 잘살게 될 거라는 제주 사람들의 꿈은 여지없이 무너졌지요.

사람들은 거리로 나섰어요. 1947년 3월 1일, 미군의 반대에도 민족주의 민족전선(민전) 주최로 제주북국민학교에서 열린 삼일절 기념식에 3만여 명의 군중이 모여들어 구호를 외치며 시위를 벌였어요.

"3·1 정신으로 통일 독립 쟁취하자!"

"친일파를 처단하자!"

"부패 경찰 몰아내자!"

제주 경찰청에는 육지부에서 온 경찰 100명과 제주 경찰 330명이 머물고 있었어요. 3·1절 기념식 후, 순찰 돌던 기마경찰이 탄 말에 한 어린이가 치이는 사건이 일어났어요. 기마경찰이 다친 아이를 그대로 두고 지나가자 흥분한 사람들이 돌멩이를 던지며 쫓아가니 경찰이 경찰서를 습격하는 줄 알고 총을 쏘는 바람에 구경하던 어머니와 어린이 등 시민 6명이 죽고, 8명이 중상을 입었어요. 사건이 나자 경찰은 목포경찰서에 연락하여 경찰 1백여 명을 더 불러들이고 경찰서 습격 사건으로 몰아 시위를 벌인 도민과 학생 등을 잡아들였어요.

경찰의 행패를 보다 못한 제주도청을 비롯한 학교, 우체국, 은행 등에 다니는 사람들이 총파업을 벌였어요. 미군정은 제주를 '붉은 섬' 즉 도민 대부분이 공산주의자라고 생각했어요. 경찰 총수는 제주에 다녀간 다음 전라도 경찰 2백2십여 명을 더 보냈으며, 공산당을 피해 삼팔선을 넘어온 청년들이 조직한 반공 단체인 서북 청년단을 보냈지요. 총파업은 3월 20일을 전후해서 잠잠해졌지만 총파업에 참여한 사람 중에 2백여 명이 잡혀갔어요.

5·10 선거와 4·3 사건

미군정은 우리나라에 하나의 정부를 세우려고 했는데, 소련과 북한이 참여를 거부했어요. 그래서 남한 단독 정부를 세우기 위해 5·10 선거를 치르기로 했어요.

남한만 선거를 치르는 걸 반대한 남로당 제주도 위원회는 신촌리에서 무장 투쟁을 하기로 하였지요. 1948년 4월 3일, 오름에 봉홧불이 타오르고 일본군이 한라산에 버리고 간 총과 칼을 가진 3백5십 명의 무장대가 12개 경찰 지서(파출소), 서북 청년단, 대동청

4·3 평화공원

년단 등을 습격하여 경찰 4명, 민간인 8명, 무장대 2명이 죽었지요.

제주 사람들은 경찰, 군인, 서북 청년단에 의해 파리 목숨처럼 죽어 나갔어요. 무장대 가족이라거나 무장대에 협조했다는 구실을 붙여 고문하고 죽이기도 했거든요. 조상 대대로 살아온 집들이 불에 탔고, 언제 어디서 죽임을 당할지 몰라 사람들은 전전긍긍했지요. 헌법이 없을 때라 재판도 하지 않고 잡아들이거나 군법으로 재판을 하여 대전·대구 등의 형무소로 보냈어요.

정말 지옥이 따로 없었답니다. 트럭을 타고 지나가던 군인 2명

제주지역 행방불명 희생자 위령비

이 무장대가 쏜 총에 맞아 죽자 군인들은 복수를 하기 위해 마을 사람들을 학교 운동장에 모아 놓고 40여 명씩 끌고 가서 3백여 명이나 죽인 일도 있었지요. 무장대들이 숨거나 그들에게 도움을 줄 수 있다면서 바닷가에서 5킬로미터 떨어진 곳에 있는 중산간 마을을 불태우고 사람들을 바닷가 마을로 내려보냈어요. 이걸 소개라고 해요. 이때 원동마을, 머체왓, 죽성동, 어우늘, 드르구릉, 무등의 왓, 다랑쉬 등 많은 마을이 사라져 버렸지요.

무장대 또한 제주 사람들을 괴롭혔어요. 5·10 선거를 방해하기 위해 마을 사람들을 산으로 올려 보내고, 투표함을 빼앗거나 투표

위패 봉안실

소로 지정된 학교에 불 지르고, 선생님을 죽이기도 했어요. 군인이나 경찰에 협조했다는 이유로, 또 식량을 빼앗기 위해 사람들을 죽였지요. 경찰 지서, 학교, 관청 등에 불을 질러 그 피해 또한 아주 컸어요. 목사가 없는 교회를 돌보던 목사님을 산 채로 묻어 버린 일도 있지요. 5·10 선거의 방해로 제주에서는 2명의 국회의원을 선출할 수 없었답니다.

사람들은 밤에는 무장대가 무섭고, 낮에는 군인, 경찰과 서북 청년단이 무서워 숨어 지냈고, 육지부나 일본으로 도망가기도 했어요. 6·25 전쟁이 일어나자 보도 연맹과 관련이 있는 사람들이 재판도 없이 섯알오름 등에서 죽임을 당했어요.

4·3 사건은 한라산에 숨어 있던 무장대가 모두 잡힌 1954년 9월 21일에야 끝이 났고, 3만여 명이 죽거나 행방불명되었습니다. 제주에서는 평화공원을 만들어 죽은 사람들의 영혼과 가족들을 위로하고 4·3특별법을 만들어 지원하고 있습니다.

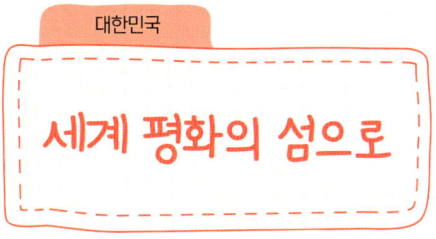

세계 평화의 섬으로

'우리의 소원은 통일'이라는 노래를 불러 본 적이 있나요? 꿈에도 소원은 통일이지요. 나라가 두 쪽으로 갈린 지 70여 년이 넘어가지만 아직도 우리나라는 통일을 하지 못해 온 국민이 가슴을 졸인 채 살고 있어요. 또한 6·25 전쟁으로 헤어진 이산가족들은 그리운 가족을 만날 날만 기다리며 애를 태우고 있어요.

1950년 소련의 스탈린과 중국의 모택동의 지원을 받은 북한 공산군은 전쟁을 일으켜 3일 만에 서울을 점령하고, 1개월 만에 낙동강까지 쳐내려왔어요. 우리 국군과 학도병들이 막아 내고 있었는데 세계 16개 나라에서 보낸 유엔군을 지휘하던 맥아더 장군이 인천 상륙 작전을 계획했지요.

6·25 전쟁과 제주

제주에서는 3기 해병대원을 모집하자 형제들이 모두 지원하거나 어린 중학생들이 혈서를 쓰면서 지원하고, 일본 유학파, 고등학교 영어 선생님도 지원했어요. 그리고 4기 해병대원 모집에는 어린 여자 중학생과 여고생, 초등학교 여선생님 등 126명의 여자들이 지원했답니다. 해병대 3, 4기 모집에 3천여 명이 지원하여 일주일 남짓 훈련받은 후, 통영 작전, 인천 상륙 작전, 서울 수복, 도솔산 전투, 김일성 고지 전투 등에서 맹활약하여 '귀신 잡는 해병'이라는 말을 들었어요.

6·25 전쟁이 나고 수많은 전사자가 나오자 싸움에 내보낼 군인이 모자랐어요. 그래서 대구에 있던 훈련소를 모슬포로 옮겨 육군 제1훈련소를 만들었지요. 1만여 명의 젊은이들이 전쟁에 참여하기 위해 이곳에서 훈련을 받았어요. 원래는 16주 훈련을 받아야 하지만 군인이 모자라 1주일이나 2주일 훈련받은 군인들이 전쟁터로 떠나갔지요. 현재는 정문과 강병대교회, 98병원으로 사용하던 건물이 남아 있으며, 해병대가 주둔하고 있어요.

제주와 서귀포를 잇는 횡단도로

제주는 어느 곳에서나 한라산이 보여요. 한라산이 제주이고, 제주가 한라산이지요. 그런데 한라산 때문에 제주시와 서귀포시를 오가기가 매우 불편했답니다. 그래서 만들어진 도로가 5·16도로인데, 원래 이름은 횡단도로예요. 이 도로는 원래 오솔길이었으나 일제 강점기인 1932년쯤 일본 군인들이 자동차가 겨우 다닐 수 있는 1차선 좁은 도로를 만들었지요.

제주도지사는 정부에 건의하여 제주시 산천단에서 성판악을 지나 서귀포시에 이르는 너비 6.5미터, 폭 4미터, 총 길이 43킬로미터인 포장도로를 1962년 3월에 시작하여 1963년 10월에 개통식을

516도로

1100도로

가졌지만 도로포장 공사는 1966년에 끝났어요.

이 도로가 만들어져 제주시와 서귀포 간을 오가는 데 3시간 이상 걸리던 것이 1시간 이내로 줄어들어 행정, 교통, 교육의 중심지인 제주시 출입에 불편을 겪었던 서귀포와 한라산 남쪽 주민들에게는 큰 도움을 주었지요.

이 516도로는 5·16 군사 쿠데타와 유신 헌법을 만든 박정희 대통령에 대한 거부감으로 다른 이름으로 바꾸자는 의견이 있었는데 역사를 바꾸는 일이라며 반대하는 사람이 많아 현재까지도 516도로라고 불리고 있어요. 한편 최근에 4차선으로 넓히자는 의견이 있었지만 환경 단체의 반대로 숲이 있는 부분은 2차선을 유지하여 사계절 아름다운 한라산 천연림을 보존할 수 있게 되었지요. 이 도로의 정식 명칭은 1131로입니다.

우리나라에서 가장 높은 곳에 놓인 1100도로를 만들 때에는 전국에서 폭력배들을 붙잡아 국토 건설단이라는 이름으로 두 차례에 걸쳐 500여 명을 제주로 보내 도로와 어승생저수지를 만들었어요.

현재 한라산 동쪽에는 516도로와 남조로, 번영로, 서쪽에는 1100도로와 평화로가 있어 제주시와 서귀포시를 이어 주고 있답니다.

세계 평화의 섬

제주가 세계 평화의 섬이라고 불리는 걸 알고 있나요? 일본의 히로시마와 오키나와, 독일 오스나브뤼크, 스위스의 제네바는 세계 평화의 도시랍니다. 평화의 섬은 전쟁이 없고 모든 사람의 인권을 존중하는 곳을 만들자는 요구에 의해서 지정되었답니다.

제주는 예로부터 평화를 보여 주는 삼무(도둑, 거지, 대문이 없음)의 전통을 가지고 있어요. 또한 고려, 조선 시대뿐만 아니라 4·3 사건 등을 겪으면서 많은 아픔이 있었지만 제주 사람들은 이를 극복해서 평화로운 섬으로 만들었지요.

제주는 아름다운 자연환경을 가지고 있으며, 독특한 문화가 보전되어 있는 국제자유도시로서 1991년 노태우 대통령과 고르바초프 구소련 대통령 회담, 1996년 김영삼 대통령과 클린턴 미국 대통령 회담, 1996년 김영삼 대통령과 하시모토 일본 총리 회담, 2004년 노무현 대통령과 고이즈미 일본 총리 회담을 열었으며, 2009년에 한·아세안 특별 정상 회의도 열렸지요. 빌 클린턴 미국 대통령, 장쩌민 중국 국가 주석을 비롯하여 수많은 외국 주요 인사들이 제주를 방문하였답니다. 또한 북한에 감귤 보내기, 남북 평화

축전을 여는 등 북한과도 평화 사업을 적극적으로 실천하고 있지요.

제주개발특별법에 "세계 평화에 기여하고 한반도의 안정과 평화를 정착시키기 위하여" 제주를 "세계 평화의 섬"으로 지정할 수 있다고 정한 것은 제주의 위치가 동북아의 중심에 있으며, 분단된 한반도의 평화를 위하는 데 어느 지역보다 유리한 환경과 대표성을 갖추었기 때문이에요.

각국 정상들의 회담 장소로서 그리고 동북아 세계시민들이 관광을 위해 오가며 제주도의 평화 - 자유 - 인권 - 상생을 체험해 나가

제주국제평화센터

는 평화 교육의 장으로서 세계 평화의 섬의 역할이 중요하기 때문에 제주가 더욱 소중한 곳이랍니다.

제주국제평화센터에는 제주 평화 정신의 배경인 삼무 정신을 비롯하여 동북아 중심적 위치, 제주를 방문했던 세계 각국 정상들의 방문 기록, 제주의 문화유산 등이 사진과 영상 등으로 전시되어 있어요. 특히 2009년에 개최되었던 한·아세안 특별 정상 회의의 기념품도 전시되어 있어 그 가치를 더하고 있답니다.

제주특별자치도

제주도를 제주특별자치도로 한 이유는 무엇일까요? 그리고 특별자치도가 된 후 달라진 것은 무엇일까요?

1991년 12월 제주 사람들의 복지 향상과 관광 여건을 좋게 만들기 위한 목적으로 '제주특별자치도 특별법'이 만들어지면서 제주의 이름이 제주특별자치도가 되었어요.

특별법에 의해 제주도지사는 외교나 국방에 관한 일을 제외한 여러 권한을 가지게 되었어요. 그래서 중앙 정부의 간섭을 받지 않

제주형 자율 학교　　　　　　　　국제 학교

고 스스로 정책을 만들어 제주의 토지나 물, 바다를 비롯한 천연 자원을 이용하고, 개발하고, 보전하며, 자연환경을 오염시키지 못하게 하고, 지역 사회를 개발하며 도민의 생활 환경 개선에 힘써야 하지요.

 제주특별자치도가 된 후 달라진 점은 북제주군은 제주시로, 남제주군은 서귀포시로 행정 구역이 통합되었어요. 그래서 군수와 군 교육지원청, 군 의회와 시 의회가 없어지고 제주도청과 제주도 의회가 제주도의 살림살이를 책임진답니다. 그리고 시장은 선거를 하지 않고 제주도지사가 임명하지요.

제주에는 교육 자치제가 시행되고 있어요. 교육 행정이 독립되어 제주 실정에 맞는 교육 정책이 실시되고 있지요. 대표적으로 제주형 자율 학교를 들 수 있어요. 자율 학교는 학생, 학부모, 지역 사회, 교직원이 다 함께 협력하고 서로 존중하는 배움을 통해 성장하는 학교예요. 배려와 협력을 중심으로 제주의 지역적 특성을 살려 새로운 학교 문화를 만들어 가고 있지요. 또한 영어 교육 도시에 국제 학교가 있어서 외국으로 유학 가지 않아도 졸업하면 외국 대학으로 진학할 수 있어요. 현재 제주에는 4개 국제 학교가 운영되고 있어요.

한편 자치 경찰단을 두어 관광객들이 편하고 안전하게 제주를 구경할 수 있도록 도와주지요. 관광객들이 많이 찾아오기 때문에, 교통이 혼잡할 수밖에 없는 환경에서 맞춤 치안으로 자치 경찰제의 장점을 잘 발휘하고 있답니다.

3 제주도의 겉모습과 속 모습

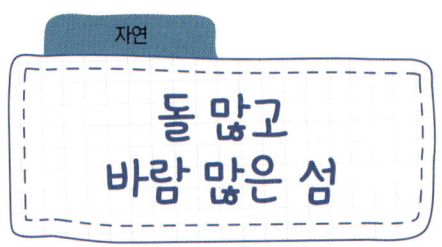

자연

돌 많고 바람 많은 섬

"바람 부는 제주에는 돌도 많지만"이라는 노랫말을 알고 있지요? 제주를 가리켜 삼다도라고 부르는데, 돌, 바람, 여자가 많다는 뜻이에요. 제주는 화산섬이라 어디를 가든지 돌이 널려 있지요. 또한 제주에는 바람이 정말 많이 불어요. 여름에서 초가을에 불어오는 태풍의 길목에 있는 데다 겨울철에는 북서풍이 불어 매우 추워요. 기온에 비하여 춥게 느껴져서 체감 온도가 낮은 거지요. 제주 사람들은 돌과 바람의 피해를 이겨 내며 살아왔어요.

어디서나 흔하게 볼 수 있는 제주의 돌은 대부분 구멍이 있는 현무암이에요. 용암이 식을 때 가스가 빠져나와 생긴 구멍이지요. 점성(액체의 끈끈한 성질)이 약한 용암은 멀리까지 흘러내려 평평한 바위가 만들어졌답니다.

돌 모양도 제각각, 색깔도 제각각

　제주 바닷가에서 흔히 볼 수 있는 넓은 바위가 바로 현무암이 흘러내려 만들어진 바위예요.

　그렇다고 제주의 돌이 모두 현무암인 것은 아니에요. 산방산이나 중문 바닷가 등에서 주상절리라는 돌을 볼 수 있는데, 4~6각 기둥 모양 바위예요. 점성이 강한 용결 응회암이나 조면암이라는 화산 암석이 식으면서 굳은 것인데, 우리나라에서는 경기도 임진강, 연천 재인폭포, 철원 직탕폭포, 포항 달전리, 경주 읍천리 바

현무암이 흘러내린 바닷가

닷가에서도 볼 수 있답니다. 산방산은 조면암질 용암이 멀리 흐르지 못하고 굳어 버려 종 모양이 되었답니다.

　제주의 돌들은 저마다 색깔이 달라요. 바닷가 돌들은 용암이 흘러내리다 바닷물을 만나 급히 식는 바람에 검은색을 띠고 있고요, 들판이나 마을 돌담에는 잿빛을 띤 돌이 많아요.

　제주에서는 돌담을 가리켜 '흑룡만리'라고 하는데 '검은 용이 만 리까지 뻗어 있다.'는 뜻이랍니다. 제주의 돌담은 바람을 막아 주고, 소나 말이 밭으로 들어가는 것을 막아 주며, 이웃 밭과 경계석으로도 쓰입니다.

원담

돌담은 장소에 따라 나누기도 해요. 집 둘레에 친 울타리는 울담, 올레길을 따라 쌓은 담은 올렛담, 집 둘레에 돌과 흙을 섞어서 쌓은 담은 축담, 밭 둘레에 쌓은 담은 밭담, 바닷가에 쌓아 밀물에 들어온 고기를 썰물에 가두는 담은 원담, 산소 둘레에 쌓은 담은 산담, 말을 기르는 목장 울타리는 잣담, 성을 쌓은 돌은 성담이라고 하지요.

울담

올렛담

산담

밭담

돌하르방   동자석

　제주의 돌을 이야기하면서 빼놓을 수 없는 것이 있어요. 바로 돌하르방이에요. 모자를 쓰고, 코와 눈은 왕방울 같고, 손은 가슴에 대고 서 있는 조각상이지요. 돌하르방은 '돌로 만들어진 할아버지'라는 뜻으로 옹중석, 우석목, 무석목, 벅수머리 등으로도 불려요. 돌하르방은 성의 입구를 지키는 수문장으로 성안으로 들어오는 질병을 막기 위해 만들었다고 해요. 돌하르방이 처음 만들어진 때는 알 수 없으나 1754년(조선 영조 30년)에 김몽규 목사가 성문 밖에 세웠다는 기록이 있어요.

　제주에는 동자석이 있는 묘지가 있어요. 동자석은 키가 세 척(90

센티미터) 이내인데, 머리 부분과 가슴 부분으로 나눌 수 있어요. 머리는 삭발한 것도 있고, 댕기 머리를 한 것도 있지요. 머리 부분에는 눈, 코, 귀, 입을 새기고, 가슴 부분에는 할아버지가 좋아하던 주전자, 술병, 술잔, 부채, 꽃 등을 새기지요. 잔심부름하던 동자를 죽어서도 데리고 살 수 있도록 한 것이라고 합니다.

태풍의 길목에서 맞는 바람

제주는 1년 내내 바람이 불어요. 특히 겨울철에는 거의 매일 차갑고 강한 바람이 불지요. 바람이 많은 이유는 제주가 북태평양에 있는 섬이어서 기압 변화가 심하기 때문이에요. 또 바다에 떠 있는 섬이기 때문에 바람을 막아 줄 만한 것이 없지요. 제주에는 철마다 바람의 방향이 달라요. 겨울에는 북서풍이 많이 불고, 여름에는 남동풍이 많이 불어요.

그리고 제주는 태풍이 지나는 길목에 놓여 있어 필리핀이나 대만 부근 바다에서 만들어진 태풍이 불어와 큰 피해를 줍니다. 태풍이 몰고 오는 센 바람과 엄청난 비가 큰 피해를 주지요.

제주의 날씨는 한라산이 크게 영향을 줍니다. 한라산이 바람을 막아 주는 구실을 하기 때문에 남쪽에 있는 서귀포는 한겨울에도 따스한 날이 많고, 북쪽과 동쪽, 서쪽 지역은 바람이 세지요. 서쪽에 있는 고산은 1년 내내 바람이 강한데 특히 겨울철에는 매서운 바람이 불어요. 그래서 실제 온도보다 체감 온도는 아주 낮습니다.

제주 사람들은 바람을 이겨 내기 위해 초가집을 낮게 짓고, 동아줄로 초가지붕을 바둑판처럼 얽어매었답니다. 동아줄로 얽어맨 덕분에 태풍이 불어도 지붕을 덮은, '띠'라는 풀이 풀리지 않지요. 또한 바닷가에는 순비기 나무라는 식물을 심어 모래가 날리는 것을

초가집

막고, 과수원에는 방풍림을 심어 귤나무를 보호하지요.

　최근에는 풍력 발전기를 많이 세우고 있어요. 바닷가는 물론 중산간 지대, 바다 한가운데에 세우기도 하지요. 1년 내내 불어오는 바람을 이용하여 전기를 만들어 내니 지구의 온난화를 막아 내는 데 큰 도움이 되겠지요.

순비기 나무

과수원 방풍림

제주의 바람 신은 영등할망이에요. 영등할망은 음력 2월 초하룻날에 들어와 2월 보름에 나가지요. 영등할망이 제주에 꽃구경 올 때는 식구들과 함께 오는데, 딸을 데리고 오면 너그러워져서 날씨가 좋고 며느리를 데리고 오면 자주 성질을 내서 날이 궂거나 비가 온다고 하지요.

영등할망은 제주 바닷가에서 보말(고둥)을 까먹으면서 다음 해에 수확할 미역, 천초, 소라, 전복 같은 해산물 씨앗을 바다에 뿌린다고 하여 영등할망이 오는 2월 초에는 해녀들이 바닷가에서 제사를 지낸답니다.

풍력 발전기

도둑과 거지와 대문이 없는 섬

제주를 가리켜 삼무도라 부르기도 해요. 도둑과 거지와 대문이 없는 섬이라는 뜻이지요.

"사흘 굶으면 담 넘지 않을 사람이 없다."라는 말을 들어 봤나요? 며칠 굶어 배가 고프면 남의 것을 훔치려는 나쁜 마음이 든다는 말이지요. 삼재(세 가지 재앙)라고 하는 태풍, 가뭄, 홍수로 제주 사람들은 농사를 망칠 때가 많았어요. 그래서 평소에 조냥정신(절약 정신)을 가지고 살았지요. 그래서 아무리 가난한 집이라도 고팡

고팡과 안방

(고방, 광)의 쌀독에는 늘 곡식이 있었어요. 절약해서 곡식을 저장해 두어야만 살 수가 있었지요. 또 자식들이 커서 결혼하면 멀리 떨어져 살게 하여 흉년이 들면 서로 도움을 받기도 했답니다.

 제주 사람들은 탐라의 후예이거나 귀양 온 선비를 조상으로 모신 집안이 많아서 명예를 소중히 여기며, 좁은 섬이라 서로를 잘 알기 때문에 나쁜 짓이나 수치스러운 짓은 하지 않았대요. 또한 섬이라 멀리 도망갈 수 없으니 도둑질하기가 어려웠겠지요. 그렇다고 도둑이 아주 없었던 건 아닌 듯해요. 안방 뒤에 고팡을 만든 걸 보면요. 도둑이 전혀 없었다면 안방에서 가장 가까운 곳에 고팡을

정낭

만들었을 리가 없겠지요.

 다행한 일은 제주는 따뜻한 섬이라 바닷가에는 소라나 고둥이 자라고, 미역 같은 해조류가 자라며, 눈이 내리는 한겨울에도 배추랑 무, 당근, 양파, 마늘 같은 채소가 자라 1년 내내 먹을 것을 구할 수가 있었어요. 그래서 식량이 없어도 훔치거나 구걸하지 않아도 되었답니다.

 정낭은 구멍이 세 개 뚫린 돌기둥이나 나무 기둥에 끼워 넣은 세 개의 통나무로 대문 구실을 하던 나무예요. 통나무가 하나도 걸쳐 있지 않으면 주인이 집에 있다는 뜻이고, 통나무가 한 개 걸쳐 있으면 잠시 외출했다는 뜻이에요. 두 개가 걸쳐 있으면 오랫동안 외출했다가 돌아온다는 뜻이며, 세 개가 모두 걸쳐 있으면 아주 오랫동안 집을 비운다는 뜻이지요. 제주 사람들은 걸쳐 있는 나무 개수를 보고 집주인이 집에 있는지 없는지, 또 언제쯤 돌아오는지 알 수 있었어요. 또한 정낭은 말이나 소가 집 밖으로 나가거나 집 안으로 들어오는 것을 막아 주는 구실도 하였답니다.

 정낭은 제주의 아름다운 풍습과 문화를 나타내는 것 중에서 특히 대표할 만한 것이에요. 서로 믿고 살아가는 약속이지요.

동물과 식물

산과 바다에 생명이 가득한 섬

제주는 우리나라에서 가장 남쪽에 자리 잡고 있어 날씨가 따뜻하고, 한라산에는 연평균 2천 밀리미터의 비나 눈이 내려요. 식물은 풍부한 물과 따뜻한 온도에서 잘 자라니 제주에서 다양한 식물이 잘 자라는 건 당연한 일이지요. 또한 높은 한라산이 있어서 한반도, 중국, 일본 등에서 자라는 육지 식물까지 2천여 종이 골고루 자란답니다.

한라산은 높이에 따라 자라는 식물들이 달라요. 바닷가는 따뜻해서 아열대 식물이 자라고, 중간 지대에는 온대 식물인 단풍나무, 때죽나무 같은 낙엽수가 자라요. 그다음은 구상나무 같은 침엽수가, 백록담 가까운 높은 곳에는 바람과 추위에 강한 암매나 눈향나무 같은 고산 식물이 자라지요.

식물의 보물 창고

한라산에서는 1년 내내 나뭇잎이 지지 않는 상록 활엽수들이 자란답니다. 한라산에는 울창한 원시림도 있어요. 516도로나 1100도로를 타고 한라산을 넘어가는 길에서 볼 수 있지요. 원시림은 한라산 천연 보호 구역으로 정해 보호하고 있어요.

제주에 비자나무라는 식물이 숲을 이루고 있는 곳이 있다는 말을 들어 본 적 있나요? 천연기념물로 지정된 비자림에는 2천8백여 그루의 비자나무가 자라고 있지요. 비자나무 열매는 예부터 구충

비자림

제로 쓰였으며, 나무는 가구나 바둑판을 만드는 데 쓰였지요. 또한 비자림에는 나도풍란, 풍란, 콩짜개난, 흑난초, 비자난 등 희귀한 난과 식물이 자라고 있답니다. 이 밖에도 제주에는 납읍 난대림 지대, 산굼부리, 선흘리 거문오름, 선흘리 동백동산, 비양도 비양나무 같은 보존 가치가 높은 나무숲이 있어요.

또한 제주는 왕벚나무의 자생지이고, 문주란 씨앗이나 선인장이 바닷물에 실려와 자생하는 등 다양한 식물이 자란답니다. 또한 한란, 춘란, 새우난 등 우리나라 야생란의 70퍼센트가 제주에서 자라지요. 그래서 제주를 가리켜 '식물의 표본실', '식물의 보물 창고'

동백동산

라고도 해요.

제주는 따뜻하기 때문에 아열대 나무가 많이 자라지요. 아열대 나무는 늘푸른나무로 나뭇잎에 햇빛이 비치면 반짝반짝 빛을 내는 나뭇잎이 대부분이에요. 최근에는 열대 지방이나 외국에서 들어온 귀화 식물까지 자라고 있어 식물의 종류가 더 다양해지고 있어요. 기온이 영하로 내려가는 날이 며칠 되지 않아 워싱턴야자나 종려 나무 등이 밖에서 자라고, 커피나무, 올리브와 파파야 등의 열대 과일들도 온실에서 자라고 있지요.

제주의 허파, 곶자왈

제주의 소중한 지형 가운데 하나는 곶자왈이에요. 곶자왈은 '곶' 과 '자왈'의 합성어인 제주어로서, '곶'은 '숲', '자왈'은 '돌이 많이 있는 곳'을 가리키는 말인데 화산 활동으로 돌이 많은 곳에 들어선 숲을 가리키는 말이에요. 점성이 큰 용암이 사방으로 넓게 퍼지거나 흘러가지 못하고 식으면서 돌이 되어 쌓이고, 돌 사이로 뿌리를 뻗어 나무들이 자라는 곳이지요.

곶자왈 동산

 곶자왈은 독특한 숲으로 세계적으로도 매우 드문 숲이에요. 큰 돌들이 아무렇게나 놓여 있어서 농사를 지을 수 없고, 소나 말을 기르기도 힘들어 사람들에게는 쓸모없는 땅으로 여겨졌어요. 그런데 최근 들어 천연림에서 각종 식물이 자라고 지하수를 만드는 곳이라는 사실이 밝혀지면서 제주의 보물로 여기고 있답니다.

 곶자왈은 동산과 구덩이가 있고, 그 아래 동굴이 있거나 지하 깊은 곳까지 돌들이 있어 겨울철에는 따뜻하고, 여름철에는 시원하여 아열대 식물과 온대 식물이 함께 자라고 있어요. 그래서 봄, 여름, 가을, 겨울 구별 없이 늘 초록입니다. 겨울에도 돌 틈에서 따뜻한 수증기가 올라와 식물이 자라고 동물들도 살고 있지요. 그래서 곶자왈을 제주의 허파라고 하지요.

곶자왈에 비가 내리면 돌 틈으로 스며들어 지하수가 되지요. 그 물은 땅속 깊은 곳에 모여들었다가 바닷가로 흘러가 샘물이 되어 솟아오르기도 한답니다.

돌 사이로 뻗는 뿌리

구덩이

풍부한 바다 식물

제주 바다에는 2백여 종의 바다 식물이 자라는데, 미역이나 톳, 우뭇가사리, 감태, 모자반, 파래 등의 해조류가 있어 음식을 만드는 재료로 사용하고 있지요. 옛날에는 제주 미역이 품질이 좋아 유명했지만, 최근에는 기장읍, 완도 등에서 양식 미역을 많이 생산하기 때문에 제주 해녀들이 캐는 미역은 아주 적어요. 봄철에는 바닷가나 해안 도로에서 우뭇가사리를 말리는 모습을 볼 수 있답니다.

산호는 제주 바닷가 여러 곳에서 볼 수 있지만 서귀포 앞바다의

산호와 열대어

수지 맨드라미 산호

문섬이 특히 유명하지요. 잠수함을 타고 바닷속으로 들어가면 울긋불긋한 여러 가지 산호와 물고기 떼를 볼 수 있어요.

제주 바다는 일본 오키나와를 거쳐 올라오는 따뜻한 구로시오 난류와 동해, 황해의 차가운 물과 바닷가에서 솟아나는 샘물이 섞여 특이한 해양 환경을 가지고 있어요. 그래서 제주 근해에서는 자리돔이나 고등어, 갈치, 방어, 오징어 등이 잘 잡히지요.

조개류는 전복, 소라, 보말, 백합 등 180여 종이 자라지만 굴은 별로 없어요. 제주에 해녀가 많다는 건 바닷속에 조개류가 많다는 걸 알려 주지요.

곳곳에서 볼 수 있는 다양한 동물

 제주에는 한반도와 대륙계, 일본계, 남방계 동물이 섞여 있어 곤충류, 양서류, 조류 등은 많지만 어미젖을 먹고 사는 포유류는 많지 않아요. 특히 호랑이 같은 맹수가 살지 않아요. 요즘은 집에서 기르던 사슴이나 개, 멧돼지들이 산으로 올라가 피해를 주고 있지요. 일본군이 주둔하고 4·3 사건을 겪으며 대륙사슴, 큰 노루 등은 사라지고, 노루와 오소리, 제주족제비, 제주관박쥐 등의 동물이 살고 있어요.

노루

긴 꼬리 딱새

섬 휘파람새

왜가리

왜가리

제주큰오색딱따구리

황로

용수리 저수지

제주에는 우리나라 조류의 62퍼센트를 차지하는 230여 종의 새들이 살아요. 팔색조나 삼광조, 제주큰오색딱따구리, 원앙이, 꿩, 제주휘파람새 등이 산답니다. 계절에 따라 황로나 백로, 왜가리, 중백로, 기러기, 뻐꾸기, 박새 등 철새들이 찾아들지요. 하도리 양어장, 용수리 저수지는 각종 철새들이 머물다 가는 철새 도래지예요.

농업

논농사보다 밭농사가 많은 섬

제주 하면 떠오르는 과일이 뭘까요? 바로 귤이지요. 귤나무는 따뜻한 고장에서 자라는 식물이에요. 귤은 새콤달콤 맛도 좋을 뿐 아니라 손쉽게 껍질을 벗겨 먹는 과일로 온 국민의 사랑을 받고 있지요. 가을이 되어 귤이 익기 시작하면 귤나무마다 열매가 달려 귤나무 밭은 온통 주황색이 된답니다.

엄탁가 신부

제주는 오랜 옛날부터 여러 종류의 귤을 재배해 왔어요. 처음 재배하기 시작한 것은 삼국시대 때로 추측됩니다. 조선 시대에 재배한 귤은 당금귤, 감자, 금귤, 유감, 동정귤, 산귤, 청귤, 유자, 당유자 등이었어요.

1902년 프랑스에서 온 엄탁가(타케)

신부는 13년 동안 홍로성당에서 제주산 식물을 연구했어요. 벚나무 원종을 한라산에서 발견하여 벚나무 자생지가 제주임을 밝혀내기도 했지요. 1911년 엄탁가 신부가 제주산 벚나무를 일본에 있는 신부에게 보냈는데, 그 대가로 보내온 밀감 15그루를 심은 것이 제주에서 널리 재배되는 온주밀감의 시작입니다.

귤은 탱자나무에 귤나무의 순을 접붙여서 가꿉니다. 현재는 맛이 뛰어난 탐라봉, 한라봉, 천혜향, 황금향 등의 귤도 재배하고 있어요. 1970년대에는 귤을 비싸게 팔 수 있어 귤을 기르면 자녀를 대학에 보낼 수 있다고 해서 '대학나무'라고 불리기도 했지요.

온주밀감

한겨울에도 밭에서 자라는 채소

제주는 날씨가 따뜻하고 비가 많이 내려서 식물이 잘 자란다고 했지요? 그런데 제주는 화산흙이어서 비가 오면 빗물이 모두 땅속으로 스며들거나 바다로 흘러들어요. 그래서 논농사를 짓는 곳이 별로 없고 주로 밭농사를 짓는데, 옛날에는 보리, 조, 고구마를 많이 심었지만, 지금은 한겨울에 육지부로 내다 팔 수 있는 채소를 많이 길러요.

제주는 서울보다 연평균 기온이 3℃, 한겨울에는 8℃가 높은 아열대 기후예요. 한겨울에도 제주에서는 밭에서 채소가 자라는 걸 흔히 볼 수 있어요. 월동채소라고 하는 이 채소들은 다른 지방처럼 저장할 필요가 없지요.

제주에서 재배하는 채소 가운데 특히 많은 것은 배추, 당근, 감자, 잎 마늘, 양배추, 조생 양파, 무, 브로콜리 등

겨울 배추

이에요.

　제주의 동쪽 지방은 밭에 돌이 많지 않아 당근이나 무처럼 땅속에서 자라는 작물을 재배하기 좋고, 서쪽 지방은 땅이 기름지나 자갈이 있어 양파, 마늘, 브로콜리, 양배추 등 잎채소를 많이 재배해요. 서쪽 지방은 비가 자주 내리지 않아 스프링클러를 설치하여 물을 주는 밭이 많지요.

　요즘은 열대 작물인 커피, 바나나, 망고, 파프리카, 알로에 등을 비닐하우스에서 재배하는 농장이 늘어났어요. 또한 서양난이나 백합꽃, 국화, 장미, 튤립 같은 꽃을 재배하는 농가도 늘어나고 있지요.

　또 친환경 농업을 하는 농가가 늘어나고 있어요. 친환경 농업이란 단순히 농약을 치지 않는 것이 아니라 토양(흙)에 맞는 농작물을 심고, 건강한 거름을 주어 흙을 살리는 농업이에요.

　친환경 농업을 하려면 공장에서 만든 화학 비료를 주지 않고 천연 재료로 만든 거름을 주며, 농약을 뿌리지 않고 농장 주변에서 얻는 자연물로 병충해 방제를 위한 약제를 만들어 작물에 뿌려 주어야 하기 때문에 매우 힘들지만, 사람들은 안심하고 먹을 수 있지요.

제주의 검은 보물

삼성 신화에서 벽랑국에서 온 처녀들이 송아지와 망아지를 가지고 왔다는 거 기억하고 있지요? 그리고 옛날 주호국 사람들은 소와 돼지를 키우며 짐승의 고기를 먹고 가죽옷을 입었다고 했던 것 기억나지요?

제주는 오래전부터 소와 말은 한라산에서 방목하고, 돼지는 집에서 기르다가 고려 시대에 군사적인 목적으로 말을 기르면서 본격적으로 축산업이 발달했어요. 원나라 초기에는 말만 길렀지만 나중에는 소 목장, 말 목장, 면양 목장, 산양 목장, 돼지 목장, 사슴 목장 등 원래 기르던 가축과 몽골에서 들여온 가축을 길렀지요. 일제 강점기에는 집집마다 돼지와 닭을 키웠는데 1년에 300만 개의 달걀이 생산되었대요. 지금은 양돈장과 양계장에서 돼지와 닭을 기르지요.

소는 농사를 짓는 데 필요했기 때문에 길렀어요. 그러다가 1958년에 송당목장에 브라만이라는 서양 고기소를 들여와 기르기 시작하면서 이시돌목장, 제동목장 등에서도 길렀어요. 지금은 고기소와 제주소의 교잡종을 기르는 목장이 많아요.

방목 소

말 목장

면양 목장

방목 흑우

호마

한라마

제주 흑우

제주에서 가장 유명한 소는 흑우인데, 말 그대로 까만 소랍니다. 제주 흑돼지, 제주 재래마, 제주 흑우를 '제주의 검은 보물'이라고 해요. 고대 부족 국가부터 귀한 대접을 받던 흑우는 일제 강점기에 일본 사람들이 자기네 나라로 가져간 데다가 가죽을 군인들 옷이나 군화, 배낭 등으로 이용하면서 거의 사라졌어요. 그런데 흑우를 다시 살리려는 사람들이 연구와 보존을 위해 노력한 결과 천연기념물이 되었어요.

제주의 목축업은 조랑말 기르기부터예요. 고려 시대 원나라에서 들여온 뒤부터 본격적으로 기르기 시작했으니까요. 조랑말인 제주

마는 1986년 2월에 천연기념물 제347호로 지정되었고, 제주경마장에서는 처음에는 제주마로 경주를 하다가 지금은 조랑말과 키가 큰 외국산 말의 교잡종인 한라마로 경주를 합니다. 2023년부터는 제주마로만 경주를 할 계획이라고 합니다.

  옛날부터 제주 사람들은 돼지고기를 즐겨 먹었어요. 집집마다 한두 마리를 키워 관혼상제 등 큰일에 빠지지 않는 것이 돼지고기였지요. 양돈 사업은 조선 시대부터 시작되었는데, 일제 강점기에는 돼지고기 통조림 공장도 있었어요. 1969년부터 이시돌목장에서 서양 품종 돼지를 기르면서 사람들에게도 사육 방법을 가르쳐

흑돼지

고기를 얻기 위하여 기르는 개량종이 크게 늘어났지요. 그러나 최근에는 개량종보다는 맛이 뛰어난 제주 흑돼지를 기르는 양돈 농가가 많답니다.

그런데 돼지는 좁은 곳에서 많이 기르기 때문에 환기가 되지 않고, 분뇨(똥과 오줌)로 인해 냄새가 심하게 나고, 지하수가 오염되어 문제를 일으키기도 해요. 그래서 제주도청과 양돈 농가에서는 힘을 모아 이 문제를 해결하기 위하여 애쓰고 있어요.

📍 푸른 눈의 돼지 신부님

1954년 아일랜드에서 맥그린치 신부가 제주에 왔습니다. 신부는 가난한 제주 사람들을 위해 어미 돼지 한 마리를 기르기 시작하고 이시돌목장을 개척하여 돼지 3만 마리를 길렀습니다. 그뿐만 아니라 제주 사람들에게 과학적으로 돼지 기르는 법을 가르쳐 양돈업을 발전시켜 '푸른 눈의 돼지 신부님'이라는 말을 들었어요.

300만 평의 이시돌목장에서 소와 말도 길러 제주의 축산업을 발전시키고, 신용 조합, 우유 공장, 어린이집 등 제주 사람들을 위해 많은 일을 했지요.

맥그린치 신부

맥그린치 신부는 2018년 세상을 떠난 뒤 이시돌농장이 보이는 동산에 묻혔습니다.

고기잡이, 물질, 양식

곽지리나 김녕리의 조개무지를 보면 옛날에 전복을 비롯한 각종 조개류를 잡아서 먹었다는 것을 알 수 있는데 3킬로그램이 넘는 전복도 있었대요. 또 물고기는 그물보다는 낚시 도구로 잡았어요.

또한 바닷가에 돌담을 쌓아 밀물에 들어온 물고기들이 썰물이 되어 바닷물이 빠져나가면 갇히게 해서 잡는 원시 어업을 했던 원담이 남아 있어요.

제주는 우리나라 최남단에 수심 100미터 안팎의 깊이를 가진 바다 위에 자리 잡고 있어요. 일본 대마도에서 오는 따뜻한 바닷물과 서해에서 오는 따뜻한 바닷물 난류가 동서로 흐르고, 깊은 바다에는 차가운 물이 흐르는 등 다양한 해류의 영향으로 1년 내내 살고 있는 고기와 해류를 따라 오가는 고기들을 잡을 수 있는 곳이에요.

제주의 어업은 크게 세 가지로 나눌 수 있는데, 연근해 어업과 마을 어업, 양식 어업이에요. 2천여 척의 어선들이 연근해에서 갈치, 옥돔, 조기 등을 잡고, 마을에서는 해녀들이 소라, 전복, 해삼, 우뭇가사리, 성게 등을 잡으며, 양식으로는 광어, 해삼, 관상어 등을 기르고 있답니다.

제주 바다 물고기들은 태평양과 동해, 서해로 이동하면서 살기 때문에 제주 근해에는 고등어, 방어, 옥돔, 갈치, 자리돔, 멸치, 조기 등 셀 수 없이 많은 종류의 물고기가 살아요. 맛도 아주 뛰어나 국, 조림, 구이, 물회 등으로 만들어 먹을 수 있지요.

1980년대까지만 해도 제주 어업 인구는 10만 명이 넘었는데 차차 줄어들어 외국인들이 도와주지 않으면 고기잡이를 할 수 없는 형편이 되었어요. 그리고 바다가 오염되고, 먼바다에서 각종 쓰레기와 해조류가 밀려와서 해안을 더럽히는 일이 많아 골치를 앓고 있지요.

연근해 어업

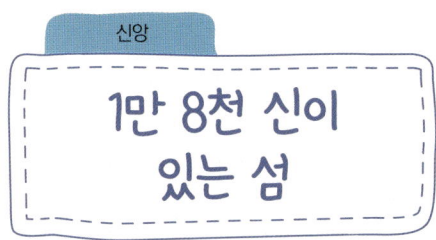

신앙

1만 8천 신이 있는 섬

　세계에는 수많은 종교가 있습니다. 나라와 민족에 따라 문화와 풍습이 다르고, 소원이 다르니까요. 제주에도 우리나라에서 만들어졌거나 세계 여러 나라에서 생겨난 종교가 들어왔어요.

　아주 오랜 옛날부터 제주 사람들은 바다, 산, 나무, 뱀 등의 자연이나 짐승을 신으로 모셨어요. 땅이 척박해서 먹고살기가 힘들었고, 바다에서 목숨을 잃는 일이 많아 신앙이 생겼는데, 그것을 민간 신앙, 무속이라고 하지요. 무속은 사람이 살기 시작하면서부터 자리 잡은 토속 종교이며, 마음을 안정시켜 주는 구실을 해 왔어요. 제주에는 본향당, 포제단, 처녀당, 미륵당, 해신당 등 다양한 민간 신앙의 자취가 남아 있어요.

마을마다 수호신

제주에는 1만 8천 신이 있다고 이야기하지요. 신이 회의를 하고 새로운 일을 맡으러 하늘로 올라간 기간을 신구간이라고 하는데, 그때 이사를 하고 집을 고치는 풍습이 있었지만 지금은 거의 사라졌어요.

제주에는 마을 수호신을 모신 신당이 3백여 군데나 있어요. 신당은 산, 숲, 연못, 언덕, 바닷가, 평지의 나무나 돌이 있는 곳에 있지요. 이곳에서는 해마다 농업과 어업이 풍요롭기를 빌고, 건강과 행복을 빌며 제사를 지내거나 굿을 해요.

또한 바닷가에 있는 할망당에서는 해녀들이 바다에서 무사히 물질을 할 수 있게 해 달라고 빌어요. 중산간 지대에 있는 당에서는 주로 목축 신을 섬기고, 바닷가에 있는 당에서는 주로 어부나 해녀의 안전을 지켜 주는 해신을 섬겨요.

제주에서는 마을마다 마을의 토지와 마을 사람들의 출생, 사망 등의 일을 맡아보는 본향신을 모셨어요. 본향신을 모신 곳이 본향당이에요.

구좌읍 송당리에는 송당 마을의 모든 일을 관장하는 것은 물론,

제주도의 동북쪽 지방에 있는 본향신의 원조라고 전해지는 송당 본향당이 있습니다. 본향당 신 백주또의 아들과 딸 신은 마을에 흩어져 당신이 되었어요.

제주 사람들은 북두칠성과 남두칠성이 있어 사람들의 수명과 재물을 다스린다고 생각했어요.

뱀신을 섬기는 칠성 신앙은 집 안에서는 안칠성, 바깥에서는 밖칠성으로 모시기도 해요. 7일에 제사를 지내면 이레당, 8일에 제사를 지내면 여드레당이라고 합니다. 하지만 칠성 신앙을 믿는 사람은 아주 적어요.

송당 본향당

옛날 제주에는 불교와 무속이 성했는데, 조선 시대에 유교를 받들면서 미움을 받았어요. "당 5백 절 5백"이라는 말에서 제주의 종교와 신앙을 엿볼 수 있지요. 원래 이 말은 제주 신화 〈천지왕본풀이〉에 "이 산 앞도 당 5백, 저 산 앞도 절 5백, 5백 장군 5백 신선"에서 나온 말로 본향당과 절이 그만큼 많았다는 것을 표현한 말이지요.

1702년(숙종 28년)에 제주에 왔던 이형상 목사는 당 129개와 굿을 하는 데 필요한 도구들을 없애 버리고 1천여 명의 심방(무당)들에게 농사를 짓도록 했어요. 그리고 제구실을 못 하는 절 5개를 부숴 버렸다고 해요. 그래서 '당 5백, 절 5백을 없애 버렸다.'는 말이 전해지고 있지요. 그렇지만 이형상 목사가 떠나자 제주도민은 다시 당과 절을 지었대요.

조선 시대 내내 제주 사람들은 당과 절을 중심으로 살았지만 조선 말기가 되면서 유교식으로 초상과 제사를 치르는 것이 자리 잡기 시작했어요. 그리고 남자들은 마을제로 유교식 포제를 드리기 시작했어요. 여자들은 유교식 포제에는 접근할 수 없어요.

평화를 주고 사랑을 실천하는 종교

　종교는 사람들에게 평화를 주고 사랑을 실천해서 사회를 아름답게 만들어요. 제주에 있는 종교 중에서 역사가 길고, 신도 수가 많은 불교와 천주교, 개신교를 소개합니다. 제주에는 이 밖에도 개인과 사회를 위해 도움을 주는 종교가 많이 있어요.

　5백 장군으로 알려진 한라산 영실에는 존자암이 있어요. 존자암은 《동국여지승람》과 《탐라지》 등에 나한을 모셨던 절로 기록되어 있는데, 터만 남아 있다가 2002년에 다시 지었어요.

　한반도의 불교 문화가 제주에서 시작됐을 가능성이 높다고 주장하는 학자들이 있어요. 그 주장을 뒷받침하는 것이 《고려대장경》 제30권 '법주기'에 실린 "부처님의 16존자 가운데 여섯 번째 발타라 존자가 탐몰라주에 머물렀다."는 기록입니다.

　존자는 부처님 제자를 일컫는 말이고, 탐몰라주는 제주의 옛 이름이며, 터만 남아 있던 존자암은 당시 절이었을 가능성이 높다는 게 학자들 주장이지요. 존자암은 한라산 해발 1280미터 지점에 터만 남아 있다가 2002년 11월에 복원되었어요.

존자암 터

관음사

　불교가 우리나라에 들어온 것은 고구려 제17대 소수림왕 때인데, 왕으로 지낸 기간이 371~384년이에요. 그런데 부처님 제자 중 한 명이 들어왔다면 기원전 5세기쯤일 테니 《고려대장경》에 따르면 우리나라 불교 역사가 바뀌어야 하는 거지요.

　불교가 번성한 때는 고려 시대였어요. 그때, 제주의 대표적인 절은 법화사, 수정사였습니다. 조선 시대에는 불교를 억압했지만 완전히 없어진 것은 아니었어요. 한라산 관음사는 고려 시대부터 있었으나 제주에 잡신이 많다 하여 이형상 목사가 문을 닫았다가 1912년에 다시 문을 열었어요. 4·3 사건 때 토벌대와 무장대의 싸움터가 되어 모두 불에 탔으나 새로 복원하였고요. 제주에는 여러 종파의 사찰이 아주 많아요.

천주교가 제주에 들어오기 전인 1801년 신유박해 때 정난주(마리아)가 제주 대정현으로 유배되었고, 1845년에는 김대건(안드레아) 성인이 제주 용수리 앞바다를 거쳐 충남 강경포구로 갔어요.

1858년에는 함덕리 출신의 김기량(펠릭스 베드로)이 표류하여 홍콩에 도착한 뒤에 세례를 받고 돌아오면서 제주 지역에서도 전교 활동이 이루어지게 되었으나 1866년 체포되어 경상도 통영에서 순교하였지요.

1899년 배가를로(페레네) 신부, 김원영 신부가 들어와 제주시 삼도이동과 서귀포 하논에 성당을 마련하여 천주교가 자리 잡기 시

1930년대 제주 고딕 성당

1912년 신성여학교 초급반 수업

작했는데, 1909년에 라크루 신부가 신성여학교를 세웠지만 일제 강점기에 문을 닫았다가 해방 후 개교하여 제주 여성 교육의 길잡이가 되지요. 그 후 천주교 신자가 꾸준히 늘어 현재 30개의 성당이 있어요.

개신교가 제주 지역에 들어온 것은 1907년으로, 평양 출신 이기풍 목사가 제주 성내 장터에서 전도를 시작했어요. 당시 제주에는 이미 교인이 되어 내려온 신자들이 있었으므로, 이기풍 목사는 김행권의 집에서 기도회를 가지다가, 일도리의 초가집 두 채를 사들

성내교회

여 신도 10여 명과 예배를 드렸습니다. 1910년에는 삼도리 출신청으로 사용하던 건물을 사들여 성내교회라고 이름 붙였지요.

　일제 강점기에는 일본어를 할 수 없거나 일본어로 설교하지 않는 목사들이 쫓겨나기도 하고, 신사 참배를 강요당하는 등 어려움이 많았어요. 해방이 되면서 교회가 늘어나기 시작하고, 한국 전쟁으로 피난민들이 몰려오면서 기독교 신자들이 많아졌고, 현재 여러 교파에서 세운 많은 교회가 있지요.

이기풍 목사 제주 선교 백주년 기념비

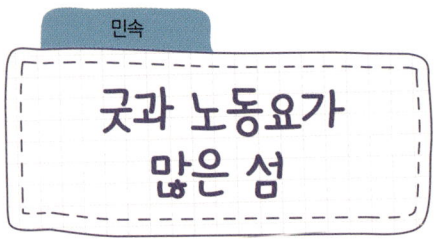

옛날 제주는 먹고살기 힘든 척박한 섬이었다고 했지요? 그래서 사람들은 쉴 새 없이 일을 하며 살았기 때문에 육지부의 다른 고장처럼 예술을 크게 발전시킬 수 없었어요. 그러나 일을 하면서 노래를 불러 노동요가 생겨나고, 민간 신앙과 관련한 음악, 무용, 미술 등의 예술이 생겨났답니다. 굿을 할 때는 음악과 무용, 문학, 음식, 의복, 공예 등 다양한 예술을 보여 주었지요.

입춘굿놀이와 칠머리당 영등굿

가장 대표적인 굿이 관덕정 앞에서 한 입춘굿놀이예요. 입춘은 태양력으로 2월 24일인데, 일주일 전 1만 8천 신들이 하늘에 올라

갔다가 내려올 때, 신들을 불러들이는 굿이었지요.

입춘 전날에 온 섬의 수심방(우두머리 무당)들이 관덕정이나 동헌에 모여서 전야제를 치렀는데, 미리 만들어 둔 목우(나무로 만든 소)를 끌어내어 제사를 지냈어요. 입춘날 아침에는 탈을 쓴 심방들이 군복과 무복을 입고 목우를 끌고, 그 앞에는 여러 가지 악기를 갖춘 사람들과 가면을 쓴 호장, 기장대, 엇광대, 빗광대, 초란광대, 갈채광대, 할미광대 등이 가고 북, 장구, 징 등으로 연주를 하며 관덕정 앞마당에 도착해서 농사짓는 과정을 연출했어요. 입춘굿놀이가 끝나면 심방들은 북과 장구를 치며 뱅뱅 돌다가 평안하고 풍

입춘굿놀이

년을 비는 것으로 막을 내렸지요.

입춘굿놀이는 일제 강점기에 없어졌다가 복원되었어요. 지금은 전야제 때는 각 마을 풍물패들이 참가하여 길놀이를 하고, 입춘날에는 관덕정 앞에서 입춘굿놀이를 한답니다.

제주 칠머리당 영등굿은 2월에 바다가 평온하게 해 주고, 풍성한 수확물을 얻게 해 달라고 칠머리당에서 바람의 여신인 영등할망과 용왕, 산신에게 제사를 지내는 것이에요.

영등 환영제에는 신을 부르는 의례, 풍어에 대한 기원, 조상신을

영등굿

배방선

즐겁게 하기 위한 세 개의 연희 등이 포함되어 있어요. 영등할망은 제주로 들어와 한라산에서 꽃놀이하며 돌아다니다가 우도를 거쳐 나가요. 나갈 때 하는 영등 송별제에는 굿에 쓸 술과 떡을 사당으로 가져오고, 용왕을 맞아들이는 의례인 용왕맞이를 하며, 수수씨로 씨점을 치고, 마을 노인들은 짚으로 만든 배를 바다로 내보내는 배방선을 치러요.

봄이 왔음을 뜻하는 15일째가 되어 영등할망이 떠나면 땅에 씨앗을 뿌리지요. 영등굿에는 바다에서 고기를 잡거나 물질하는 사람들이 바다를 존중하는 정신이 들어 있어요. 그래서 우리나라 중요 무형 문화재 제71호로 지정되어 있지요.

노동요가 많은 섬

민요는 누가 창작했는지도 모르고 악보도 없이 구전되어 따로 연습하지 않고 생활하면서 자연스럽게 익혀서 부르는 노래예요. 그래서 노래를 부르는 사람 마음대로, 즉흥적으로 부를 수 있기 때문에 사람들 정서(사람의 마음에 일어나는 여러 가지 감정)가 가장 잘 들어간 노래라고 할 수 있어요. 민요는 노동, 놀이, 제사를 할 때 부르는데, 제주에는 노동을 하면서 부르는 노동요가 많아 민요의 섬이라고도 해요. 제주 민요는 민요를 부르는 사람들 직업에 따라 여러 가지로 나뉘어요.

농사짓기 소리로는 〈검질매는 소리〉, 〈사대 소리〉, 〈밭 밟는 소리〉 등이 있고, 고기잡이 소리로는 〈노 젓는 소리〉, 〈멸치 후리는 소리〉 등이 있어요.

일하면서 부르는 소리로는 〈고래 소리(맷돌을 돌리며 부르는 소리)〉, 〈가래질 소리〉, 〈방앗돌 굴리는 소리〉, 〈꼴 베는 소리〉 등이 있으

제주민요

김 매는 소리

며, 의식을 치르면서 부르는 소리에는 〈행상소리〉, 〈달구소리〉, 〈꽃 염불〉 등이 있지요.

여성들 노래로는 〈시집살이 노래〉, 〈애기 홍그는 소리(아기 구덕을 흔들며 부르는 노래)〉, 〈원님 노래〉, 동요에는 〈꿩꿩 장서방〉, 〈웡이자랑〉 등이 있지요. 제주 여성들은 집안일과 집안 살림의 어려움, 시집살이의 고통 등 생활 속에서 우러나온 내용을 가사에 담아 노래를 불렀어요.

중요 무형 문화재로 지정된 민요로는 〈오돌또기〉, 〈산천초목〉, 〈봉지가〉, 〈맷돌 노래〉가 있어요. 이 가운데 〈맷돌 노래〉는 제주의 토속성이 담긴 진정한 제주 민요라고 할 수 있어요.

〈맷돌 노래〉는 1만여 편이나 돼요. 가락은 한 가지이지만 사설은 부르는 사람이 맷돌(고래)을 갈면서 일하는 모습이나 생활 모습, 한과 눈물, 사랑, 타고난 팔자, 사랑과 미움, 시집살이의 고달픔, 가난한 집안 사정, 세상을 살아가는 지혜와 꿈, 신앙심 등을 노래하지만 어떤 어려움이라도 이겨 내겠다는 굳센 의지를 담고 있어요.

맷돌 노래

이여-이여- 이여도 ᄒ라- (이여 이여 이여도 하라)

이여 ᄒ난 눈물이 난다 (이여 하면 눈물이 난다)

이여랜 말 말아렝 ᄒ라 (이여라는 말은 말하지 말라)

말앙가민 놈이나 웃나 (말하지 않고 가면 남이나 웃나)

어멍시민 옷 반반 입나 (어머니가 있으면 옷을 반만 입나)

아방시민 신 반반 신나 (아버지가 있으면 신을 반만 신나)

나 눈물로 나 반반이여 (나 눈물로 나 반반이여)

이여-이여- 이여도 ᄒ라- (이여 이여 이여도 하라)

테왁 　　　　　　　　　　　비창

　〈서우젯소리〉는 해녀놀이의 세 번째 장면인 오락과 휴식 장면에서 해녀들이 부르는 노래예요. 해녀들은 테왁(박의 속을 뽑아내고 겉면을 봉한 것)을 장구로 삼고 비창(전복 따는 도구)을 채로 삼아 장단을 맞추어 노래를 부르는데, 허벅(물 긷는 항아리로 입구는 작고 배는 불룩하게 만든 옹기)으로 장단을 맞추기도 하지요.

　다른 노래들은 〈가루지기 타령〉이나 〈흥부가〉 등이 제주로 들어오면서 변한 노래지요.

　제주 민요는 신세 한탄이 들어간 것이 많고, 노랫말도 특이한 제주어를 많이 사용하여 상당히 슬프고, 꾸밈이 없어 구수하게 들린답니다.

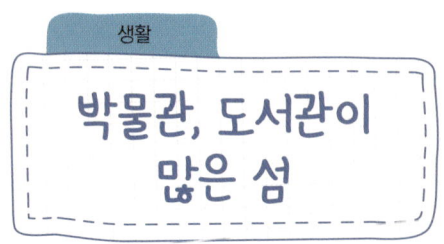

박물관, 도서관이 많은 섬

생활

최근 제주에 많아진 건 무엇일까요?

수수께끼 같지요? 여러분에게 자랑하고 싶은 것은 도서관과 작은 책방, 박물관이랍니다.

제주시 기적의 도서관

제주는 도서관의 섬이라고 해도 지나치지 않을 만큼 도서관이 많아요. 제주도청이나 시청, 교육청에서 운영하는 제주도서관, 한라도서관, 우당도서관, 서귀포도서관, 어린이 전용 도서관인 기적의 도서관 등 공공 도서관이 22개, 작은 도서관이 26개 있고, 새마을문고가 121개 있어 인구수에 비하면 전국에서 도서관이 가장 많을 거예요. 학교에 있는 도서관까지 합하면 더욱 많아지지요.

제주 시내나 서귀포 시내에는 큰 서점이 있는데, 골목길이나 시골 마을에 작은 책방 60여 개가 있어 주민은 물론 관광객들이 많이 찾는답니다. 작은 책방은 계속 늘어나고 있어요.

도심의 작은 책방

또한 제주는 박물관의 섬입니다. 제주에는 80여 개의 박물관과 20여 개의 미술관이 있어 제주를 찾는 관광객들에게 역사, 전문 지식, 과학, 예술 등을 알려 주지요. 국립박물관, 제주민속자연사박물관, 제주교육박물관, 기네스박물관 등이 있고, 도립미술관, 이중섭미술관, 김창열미술관, 서예 미술관인 소암기념관, 먹글이 있는 집 등에서 수준 높은 미술품을 볼 수 있어요.

아름다운 자연뿐 아니라 작은 서점과 박물관, 미술관을 보러 오는 사람들이 점점 많아지고 있어요.

국립제주박물관

제주민속자연사박물관

제주도립미술관

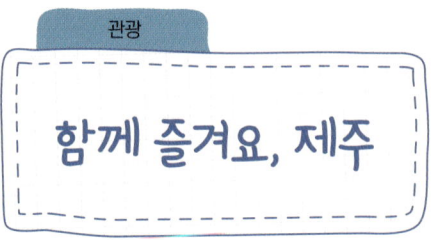

관광

함께 즐겨요, 제주

　제주에는 산, 동굴, 폭포, 숲, 바위, 오름, 곶자왈, 해안, 섬, 해수욕장, 바다 등 우리나라에서 보기 드문 아름다운 자연이 있어요. 그리고 동쪽에는 우도, 서쪽에는 차귀도, 남쪽에는 마라도, 북쪽에는 추자도 등 부속 섬이 있어 바다 경치를 더해 주지요.

　섬 가운데는 사람이 사는 섬과 사람이 살지 않는 섬이 있는데, 사람이 사는 섬으로는 추자도, 우도, 비양도, 가파도, 마라도가 있어요. 이 가운데 추자도에는 사람이 살고 있는 상추자도, 하추자도, 횡간도, 추포도가 있고, 사람이 살지 않는 42개의 섬이 있는데, 북쪽으로 전라남도의 섬이 보이는 곳이에요. 나바론 하늘길, 사자바위 등이 추자도의 명물이지요.

우도 8경

우도는 성산일출봉 앞바다에 있는데, 우도 8경이 있어요. 그 가운데 동굴 천장에 둥근 모양의 바위가 있어 햇빛이 바닷물에 반사되어 비치면 달이 뜬 것 같다 하여 주간명월이라 부르는 굴, 그리고 고래굴이라고 불리는 동굴과 절벽이 특히 아름답지요. 비양도는 화산이 가장 늦게 솟아오른 섬으로 잘 알려져 있다고 했지요?

섬사람들은 대부분 고기잡이와 물질로 살아가지만 밭이 있는 우도나 가파도 사람들은 농사도 많이 지어요.

주간명월

제주의 섬들

사람이 살지 않는 섬 가운데 서귀포 앞바다에 있는 범섬과 문섬, 새섬, 섶섬은 서귀포의 아름다움을 더해 줍니다. 범섬에는 파도에 깎여 만들어진 해식 동굴이 있고, 문섬 주위 바닷속에서는 각종 산호와 물고기를 볼 수 있어 스킨스쿠버(수중 호흡기를 지닌 채 부력 조절 조끼를 입고 잠수하는, 수중 다이빙을 하는 사람)들이 자주 찾아오지요.

섬 해식 동굴

새섬에는 세연교 다리가 연결되어 있고, 섶섬은 천연기념물 제18호인 파초일엽 자생지로 알려져 있어요.

가파도는 추운 겨울을 이기고 봄을 맞은 보리가 봄바람에 춤을 추는 청보리 축제로, 마라도는 우리나라에서 가장 남쪽에 있는 섬으로 유명합니다. 차귀도는 바닷물 속에서 솟아난 화산이 만든 여러 개의 섬인데, 수월봉이나 당산봉에서 보면 정말 아름다워요. 전에는 사람들이 살았지만 지금은 무인도예요.

마라도와 가파도

구경하며 천천히 걷는 올레길

　제주에는 아름다운 길이 많지만 그 가운데 올레길이 아주 유명하답니다. 올레길은 스페인의 산티아고 순례길을 걷던 서명숙 씨가 제주의 아름다운 경치를 생각하고 돌아와서 만든 길이에요.
　제주 올레길은 한라산과 들판, 오름, 마을과 해안, 바다, 섬 등을 구경하며 천천히 걷는 길이지요. 28코스가 있는데, 우도, 가파도, 추자도에도 올레길이 있으며, 길 안내가 잘 되어 있어 누구나 길을

올레길(마을길)

잃지 않고 걸을 수 있어요.

　올레길은 놀면서, 구경하면서 걷는 길이에요. 그래서 어린이들이 걷기에도 안성맞춤이지요. 일본과 몽골, 스위스에도 자매길이 있답니다.

　또한 제주에는 한라산 둘레길, 숲길, 불교·천주교·개신교의 순례길, 해안 도로 등 걷기에 좋은 길이 아주 많아요. 제주에 오면 자동차로만 다니지 말고 올레길을 걸으면서 제주를 속속들이 구경하고 갔으면 좋겠어요.

올레길(해변길)

곳곳에서 해마다 열리는 여러 축제

제주에서는 1년 내내 여러 가지 축제가 열려요. 그 가운데 대표적인 축제를 소개할게요.

탐라문화제는 1962년에 제주예술제라는 이름으로 시작되었어요. 한라문화제로 바뀌었다가 지금은 탐라문화제로 향토 문화 축제를 열지요. 탐라문화제는 해마다 10월 초순에 개막 행사를 시작으로 제주 무형 문화재로 지정된 민요 부르기와 제주마축제, 제주해녀문화축제, 제주어축제, 국제문화교육축제, 어린이예술축제 등

탐라문화제

들불축제

이 있어요. 제주어 말하기 대회, 제주어 시낭송 대회, 제주어 동화 구연 대회 등도 있답니다.

정월 대보름 들불축제는 해충을 없애고, 가축이 먹을 새 풀이 돋아나도록 들불 놓기 하던 풍습을 축제로 만든 거예요. 풍년을 기원하는 달집태우기, 횃불 행진, 말사랑 싸움놀이 등 민속놀이를 하고 마지막 날에는 오름에 불을 붙여 한 해의 소원을 빌지요.

제주국제관악제는 1995년부터 '섬, 그 바람의 울림'이라는 주제로 8월 중순에 5일 동안 제주도 여러 곳에서 열려요. 우리나라는

벚꽃과 유채꽃

물론 전 세계에서 많은 초·중·고, 성인 관악 팀이 참가하여 거리 행진, 실내 공연장 연주, 야외 공연장 연주, 찾아가는 관악 공연이 펼쳐지며, 국제관악콩쿠르도 열린답니다.

이 밖에도 성산일출축제, 왕벚꽃축제, 칠선녀축제, 정의골 한마당축제, 한여름밤의 해변축제, 삼양 해변축제, 모슬포 방어축제, 보목리 자리돔축제, 가파도 청보리축제 등 다양한 축제가 열려요.

앞으로 해결해야 할 일들

제주는 자연환경을 잘 지키는 일이 제일 중요한 일이에요. 한라산에서 바다에 이르기까지 소중하지 않은 게 없어요. 그런데 관광객들이 늘어나다 보니 바닷가나 중산간에 골프장, 호텔, 팬션, 주택 등을 지으면서 곶자왈, 초원 지대, 밭이 점점 줄어들고 있어요.

바다에는 쓰레기와 해조류가 밀려들어 썩는 바람에 골치를 앓고 있지요. 갯녹음 현상이 생겨 전복, 소라 등의 조개류가 점점 자취를 감추고 있어서 해녀들의 수입이 줄어들고 있고요.

쓰레기가 너무 많아졌어요. 함부로 버리거나 태우고, 파묻으면 공기가 나빠지고, 땅이 오염되겠지요. 환경자원순환센터를 만들어 폐품을 재활용하고 공해가 생기지 않도록 노력하고 있지만 제주도민과 관광객들이 도와주지 않으면 쓰레기 문제는 해결하기가 쉽지 않아요.

이 외에도 여러 가지 문제가 많은데 하루아침에 해결할 수는 없겠지요. 여러 사람들이 궁리를 해서 이를 해결하려고 노력하고 있답니다.

제주어 살리기 운동

　제주도는 사람들이 오가기 어려웠던 섬이어서 옛날 말들이 많이 남아 있어요. 탐라국 때의 언어와 백제, 신라, 고려가 다스러 언어가 섞여 있으며, 원나라가 100년간 다스리는 바람에 몽골어가 섞이고, 조선 시대 언어까지 섞이는 바람에 다른 지방의 언어와는 아주 달라요.
　다른 지방 사람들과 제주 사투리를 사용하는 사람들의 의사소통이 불가능하기 때문에 제주 사투리라고 하지 않고 제주어라고 합니다. 조선 시대에는 통역이 필요했다고 해요.
　유네스코에서는 제주어를 없어질 위기 5단계 중 4단계로 '아주 심각하게 위기에 처한 언어'라고 정했어요. 그래서 제주어 살리기 운동을 펼치고 있지요. 제주에서 흔히 보고 들을 수 있는 제주어를 소개합니다.

아방	아버지	**어멍**	어머니
하르방	할아버지	**할망**	할머니
오라방	오빠	**똘**	딸
송애기	송아지	**몽생이**	망아지
강생이	강아지	**도세기/도새기**	돼지
빙애기	병아리	**독새기**	달걀
고냉이	고양이	**생이**	새

어욱	억새	**태역**	잔디
폭낭	팽나무	**굴묵이낭**	느티나무
사오기낭	벚나무		

혼저 옵서	어서 오세요
옵데강	오셨습니까
속암수다	수고하셨네요. 고생하셨습니다
왕 봥 갑서	와서 보고 가세요
놀멍 놀멍 가게마씸	놀면서 천천히 갑시다
또시 꼭 옵서양	다시 꼭 오세요
혼저 왕 먹읍서	어서 오셔서 잡수세요
촘말로 좋수다	정말로 좋습니다
조끗더레 오라게	가까이(곁으로) 오라
하영 가졍갑서	많이 가지고 가세요
게메 마씸	그러게 말입니다
몬딱 좋은 게 마씸	모두 좋습니다

사진 출처

11쪽 한라산. 오철웅 사진작가 제공
13쪽 백록담. '제주의 문화재' 1998, 제주도
17쪽 삼성혈. 요덴 유키오(전 제주일본국총영사) 제공
22쪽 일출봉. 요덴 유키오 제공
      거문오름. KBS 탐사대
      쳇오름. 김승태 오름오르미들 제공
25쪽 당처물 동굴. '제주의 문화재' 1998, 제주도
26쪽 용천굴에서 나온 토기류. 국립제주박물관 제공
27쪽 용천굴. 국립제주박물관 제공
31쪽 빌레못 동굴 안. '제주의 문화재' 1998, 제주도
32쪽 갈색곰 뼈, 긁개. 영남대학교박물관 제공
33쪽 고산리에서 나온 토기. 국립제주박물관 제공
35쪽 공렬 토기, 방추차. 국립제주박물관 제공
38, 39쪽 낚시 도구와 칼, 철촉, 거울, 중국 장신구, 중국 돈. 국립제주박물관 제공
47쪽 강정동 궁궐 터. 한천민 사진작가 제공
48쪽 하원동 왕자 묘, 왕자골 왕자 묘. 고영철 향토사학자 제공
49쪽 법화사지. 제주대학교박물관 제공
67, 69쪽 해녀. 요덴 유키오 제공
70쪽 물적삼, 물소중이. 해녀박물관 제공
79쪽 《하멜표류기》 국립제주박물관 제공
89쪽 온평초등학교. 좌용택 사진작가 제공
121쪽 구상나무, 때죽나무. 고정군 사진작가 제공
127, 128쪽 산호. 한춘용 사진작가 제공
130, 131쪽 새, 용수리저수지. 김완병(제주자연사박물관) 제공
137, 138쪽 흑우. 제주축산진흥원 제공
139쪽 흑돼지. 제주축산진흥원 제공
145쪽 송당 본향당. 요덴 유키오 제공
153쪽 입춘굿놀이. 제주시청 홈페이지
154쪽 영등굿. 요덴 유키오 제공
       배방선. 오승철 시인 제공
156쪽 제주민요. 예총제주도지부 제공
158쪽 테왁, 비창. 해녀박물관 제공
170쪽 탐라문화제. 예총제주도지부 제공
171쪽 들불축제. 고기철 사진작가 제공